PERSUASÃO E DESENVOLVIMENTO PESSOAL

De um jeito fácil de entender, sem rodeios
e tudo prático.

RODRUALDO VARTAN SILVEIRA

PERSUASÃO E DESENVOLVIMENTO PESSOAL

RODRUALDO **VARTAN** SILVEIRA
Psicólogo Clínico Comportamental
Consultor em Gestão de Pessoas
Trainer Comportamental

2ª edição

Com texto original

Belo Horizonte, 2018

SILVEIRA , R. V.
PERSUASÃO E DESENVOLVIMENTO PESSOAL. 2ª ed. Belo Horizonte: Editora Theme, 2018.

Revisão textual original:
Prof. M.s. Geraldo Tibúrcio de Almeida e Silva

Texto original

1ª edição - 2012

À minha princesa Ana
Luiza, minha filha.

Toda a minha gratidão ao meu Deus maravilhoso,
que está acima de todas as coisas na minha vida,
e aos meus amigos e familiares que se fizeram
companheiros incansáveis em tempos difíceis.

ÍNDICE

Página do título   1

Página do título   3

Dedicatória   7

APRESENTAÇÃO   11

INTRODUÇÃO   14

capítulo I - A FORMAÇÃO DO PERSUASIVO: TRABALHANDO   19
VOCÊ

capítulo II - O PERFIL DO PERSUASIVO   63

Capítulo III - ENFRAQUECENDO O ADVERSÁRIO   88

capítulo IV - XEQUE-MATE: A PERSUASÃO EM TRÊS   98
TÓPICOS

BIBLIOGRAFIA   127

APRESENTAÇÃO

Bem-vindo aos bastidores do mundo da comunicação humana!

Pretendo apresentar aqui ao prezado leitor um manual de desenvolvimento pessoal oferecendo-lhe um passo a passo para se tornar um melhor comunicador e agente da persuasão.

A proposta é no sentido de que você aprenda a influenciar as pessoas à sua volta: na educação de um filho, no relacionamento conjugal, amizades, relações profissionais, negócios, sempre com a intenção de se proteger de manipulações e ajudar o outro a se sair melhor em seus desafios.

Posso adiantar-lhe que ficará surpreso com alguns pontos apresentados. Provavelmente irá contestá-los num primeiro momento. É um tema pesado. É estranho falarmos abertamente sobre o domínio de uma pessoa sobre a outra no âmbito da relação interpessoal. Mas você se adaptará. É o que vivemos no dia a dia.

Com o foco nas áreas pessoal e empresarial, começaremos trabalhando o seu desenvolvimento: suas concepções, sentimentos e comportamentos.

Em seguida, apresentaremos o perfil detalhado de um bom comunicador, de um persuasivo. E por fim ofereceremos as principais técnicas e ferramentas para a persuasão de uma forma bastante resumida e prática.

Em síntese:

Trabalhando você	O perfil do persuasivo	Check-matte
verá tudo o que precisa alcançar para se destacar como uma pessoa bem desenvolvida psicossocialmente.	um manual passo a passo do perfil de uma pessoa persuasiva.	a persuasão bastante resumida em apenas três tópicos.

Que você se identifique com o grupo dos dominadores da comunicação pessoal, os agentes da persuasão; absorva com o melhor aproveitamento as próximas páginas e passe a influenciar as pessoas à sua volta.

Prepare-se para conhecer um novo mundo no labirinto da comunicação social humana. Venha comigo!

INTRODUÇÃO

Tudo que diz respeito à comunicação pessoal envolve um jogo. O tempo todo assumimos personagens, disputamos espaços, defendemos pessoas, lutamos por dinheiro, competimos opiniões, ora no casamento, na escola, no trabalho, no clube ou na igreja. O problema é que o fazemos muito mal. Somos muito fracos neste jogo.

Começamos até bem: representando bem o nosso papel no namoro, no casamento, desempenhando bem as nossas tarefas profissionais; relacionando com paciência com os amigos. As fases do jogo vão passando e começa a apertar, vindo os conflitos, os desafios, as pressões: perdemos força e vacilamos. Não é fácil.

Para sermos fortes, competentes lutadores, firmes em nossos objetivos é que estamos aqui com o compromisso de desenvolver as nossas habilidades pessoais.

Num treinamento de oratória para jovens universitários de um curso de Direito, um rapaz me contestou quando eu afirmei que para persuasão é indispensável sermos bons jogadores. Temos que seguir as regras, aplicar as técnicas, desafiar os oponentes, vencer os obstáculos. E para isso temos que entrar no jogo. Aprender a representar, a de fato sermos atores. A verdade é que o tempo todo dramatizamos.

Ele discordou dizendo que se assim fosse ele não serviria. Ele não se prestaria a ficar representando. A minha resposta foi bem simples: dramatizar é o que fazemos em nossos diversos ambientes de contatos; o pior é que a maioria de nós o faz muito mal.

Quando aprendemos a representar bem os nossos papéis sociais contextualizados nos vários grupos é que nos afirmamos. O bom desempenho no papel de casado, ou do bom funcionário, do amigo, do companheiro de negócios, do diretor da empresa, do bom profissional, do namorado, é condição indispensável para ter sucesso nesses desafios.

Já o contrário, quando não se consegue assumir o seu papel coerentemente com o que se cobra quer dizer que não está dando certo. O resultado é ruptura, afastamento, ou, por outro lado, muito esforço e, às vezes, até sofrimento para se manter.

Acompanhei uma empresária da área da educação, oferecendo a ela consultoria em gestão de negócios. O meu trabalho era assisti-la diretamente nas suas decisões e ações na empresa: como desenvolver a autonomia nos profissionais e processos para autogestão e como lidar com contatos e negociações.

A empreendedora tinha em seu histórico dificuldade de dispensar funcionários maus. Ficava sofrendo, resmungando, chamava a atenção repetidamente, mas não passava disso. Nunca tinha coragem para demitir.

No período da minha consultoria apresentava-se um colaborador que demonstrava diariamente ineficiência através das tarefas incompletas e malfeitas, conflitos com os colegas e falta de educação com a própria empresária.

Ela, pela incapacidade da atitude de demitir, sempre criava para si desculpas defendendo o funcionário: "ele deve estar com algum problema pessoal".

Passei uma orientação bastante burocrática para ela executar: várias reuniões, aplicação de questionários e dinâmicas de grupo planejadas. A minha proposta era

1. Diminuir as suas emoções sentimentais

Uma decisão racional deve ser tomada sem sentimentalismo, muito menos emoções de raiva. Senão o resultado é impotência ou arrependimento depois.

Com o desenrolar das atividades técnicas, o foco foi saindo das emoções. A empresária foi recuperando os seus comportamentos orientados cognitivamente para o melhor da sua empresa.

2. Levantar justificativas técnicas da desaprovação do profissional

No mínimo, para evitar possíveis arrependimentos depois, seria importante levantar desaprovações embasadas em avaliação técnica.

O empresário sente-se mais seguro só pelo fato de ter aplicado uma ferramenta de análise, no caso, os questionários e dinâmicas planejadas. Ele pode até não apresentar muito interesse nos resultados, mas gosta de saber que foi aplicado um instrumento técnico de avaliação.

3. Causar impaciência na empresária pela burocracia do programa

O perfil da empreendedora era fazer reuniões sem planejamento, "aos cocos", sem nunca se preocupar com organização de processos e muito menos com uma gestão de pessoal orientada pelo humanismo e profissionalismo. Quer dizer que não daria conta de um programa de avaliação muito técnico e burocrático.

Na metade das atividades propostas para um período de um pouco mais de uma semana, a empresária resolveu, chamou o mau colaborador à sua sala e o demitiu.

Alguns apostam no sofrimento acreditando num milagre de um dia as coisas do nada mudarem, sem adaptarem os seus comportamentos e sem tomar atitude. Outros são mais maduros e veem que o mais fácil é assumir o papel de fato. Esta tomada de consciência e iniciativa para superar uma dificuldade como no exemplo acima é que nos marca como diferentes, super, melhores.

Passamos o dia trocando de roupa social, assumindo papéis diferentes em cada contingência, em cada contexto. São várias as pessoas com as quais lidamos e exigem comportamentos diferentes, cada cliente, cada participante de um curso. Os vários colaboradores, gerentes, empresários, estudantes, amigos, apenas conhecidos. Pessoas fortes, outras fracas, pessoas melancólicas, outras insensíveis. Família, trabalho, empresa, amigos, funcionários.

É muita gente diferente, em várias situações, diversos personagens. Todos no jogo. Buscamos influenciar a todos. Não para fazer mal, destruí-los, prejudicá-los; pelo contrário, primeiro para autoproteção, para nos proteger. Depois, para ajudá-los a desempenharem da melhor forma os seus papéis sociais e terem mais sucesso.

Se tivermos a persuasão e dedicarmos a usá-la de forma

imoral, antiética e sádica, a própria cultura e a sociedade darão um jeito de nos destruir, de nos tirar do jogo. O melhor é ter a persuasão com longanimidade. Esta é a nossa proposta.

Antes de entrar propriamente na persuasão terei que prepará-lo. Vamos trabalhar algumas de suas características, concepções e comportamentos.

CAPÍTULO I - A FORMAÇÃO DO PERSUASIVO: TRABALHANDO VOCÊ

Se quisermos a persuasão, temos que aprender bastante sobre o nosso objeto: pessoas. E, para começar, o primeiro e grande desafio é entendermos e controlarmos a nós mesmos. Se você não consegue nem se dominar, como conseguirá influenciar o outro?

Tudo começa nas nossas deficiências: os defeitos, dificuldades e faltas, o que todo mundo tem. O que interessa é o que fazemos delas. O que cada um resolve com as suas faltas é que determinará o seu desempenho.

Vamos discriminar três grupos a partir de como cada um lida com as suas deficiências:

1. Um primeiro grupo se condena nas suas dificuldades e delas se constrói nas inseguranças, medos e fraquezas. Acomoda-se na condição de justificar os seus comportamentos de fraqueza nas suas deficiências. Vive lamentando as suas incapacidades, justificando os seus erros.

2. Um segundo grupo prefere não lidar com as insuficiências e se constrói no esforço infindável de esconder as suas fraquezas, na tentativa de neutralizá-las.

Essas pessoas passam a vida negando as suas faltas. São medíocres, meios-termos. Não são as melhores, também não são as piores. Conseguem passar uma vida sem uma afirmação de um elogio, de uma congratulação ou uma medalha de ouro, desde que também não recebam críticas, a nota zero ou a última colocação.

Numa sala de aula este papel é desempenhado por aquele aluno que passa o ano despercebido, um aluno mais ou menos. Nem se destaca e nem dá trabalho. Age pelo mais conveniente para o menor confronto com o outro. Busca sempre um lugar neutro. Prefere não lidar com as deficiências.

3. O terceiro grupo é o dos que se destacam: os melhores. É importante ressaltar que os componentes

deste grupo não são diferentes no aspecto de terem as suas raízes também nos seus defeitos e faltas. Toda a diferença está na forma como lidam como tais, como superadores e vencedores: fortes.

Eu conversava com a mãe de uma menina de sete anos. Ela me contava como lida com as acusações que sofre por trabalhar desde cedo com a sua filha para ser forte, sempre estimulando a independência, o controle das vontades e a tolerância às frustrações na criança.

Dizia-me que, mesmo diante das recriminações dos seus familiares e amigos, iria manter esta postura por já observar os resultados positivos: já era nítido o destaque da sua filha em relação aos seus colegas.

O contrário, extremo da educação desta mãe para com a sua criança, é a superproteção: numa perspectiva psicossocial, o mais terrível mal que um pai pode fazer com o seu filho. Se quisermos filhos bem desenvolvidos teremos que ensiná-los desde novos a transformar as suas dificuldades em desafios.

Todos nós temos as raízes em deficiências. É na busca de suprir estas dificuldades que chegamos a condições excepcionais. É você ter consciência da sua insuficiência e sair em busca de supri-la. O nosso objetivo nestas próximas páginas é proporcionar-lhe uma base para isso.

De forma bastante objetiva, vamos trabalhá-lo sob a perspectiva dos quatro pilares da estrutura psicossocial de uma pessoa bem desenvolvida nas suas habilidades pessoais:

I.   Autonomia
II.   Autocontrole
III. Conhecimento
IV.   Comunicação.

I.   AUTONOMIA

Um pai chamou o seu filho de sete anos para ir à pastelaria: "Vista uma camiseta e vamos comer pastel".

Já na lanchonete, logo na entrada, a criança avistou as balas e chocolates expostos na vitrine do caixa. Lá dentro, quando o seu pai perguntou-lhe de qual sabor queria o seu pastel, ele respondeu que preferia um chocolate.

O seu pai firmemente chamou-lhe a atenção: "Não, chocolate não. Pode escolher qualquer um dos pastéis! Não está na hora de comer doce." Então o filho escolheu o sabor de frango. E o seu pai o de carne.

Quando foram comer, o garoto não gostou do que escolhera e queria o de carne, o do seu pai. A resposta foi: "Não. Você escolheu esse aí de frango. Hoje você come ele. Na próxima vez poderá pedir outro sabor".

Analisando este fato, vemos o pai dando autonomia ao filho para escolher qual o sabor do pastel.

Autonomia, numa visão bem prática, é poder fazer escolhas, tomar decisão por si só. O garoto tinha poder para escolher qual sabor do seu salgado: frango, bacon, presunto, carne. Poderia optar por qualquer um.

Vamos nos aprofundar nesta análise.

a) Autonomia é a responsabilidade para fazer escolhas

Fazer escolhas é muito difícil. Envolve três quesitos:

1. Conseguir prever os resultados para aumentar a probabilidade do acerto.
2. Ser responsável pelas consequências da escolha que fez.
3. Estar pronto para abrir mão das opções que não escolheu.

Poder fazer escolhas é assumir a responsabilidade desses três quesitos. A criança se arrependeu do saber que escolheu. E o seu pai foi firme ensinando-o a tomar decisão e responder pelas consequências destas: "Você escolheu esse aí de frango. Hoje você come ele."

b) Autonomia é fundamentada em regras

No caso citado acima, a criança não poderia optar por qualquer comida. Apenas dentre os pastéis. Havia chocolates, balas e outros doces. A autonomia vinha com a condição de escolher dentre os salgados. Está aí mais uma lição: autonomia se afirma sobre regras.

Dentro da nossa sociedade existem as normas de conduta: leis, regras, regimentos. Todas as nossas escolhas são regidas por essas condições. E devem ser severamente atendidas.

Podemos escolher qual roupa vestir, o que comer, onde estacionar o carro, com quem nos casar, em qual instituição estudar. Todas estas escolhas estão fundamentadas em regras da nossa cultura. Isso quer dizer que a nossa autonomia é controlada pelas leis, o que não diminui o poder de escolher. Pelo contrário, tomar decisão não é fazer o que se quer. É saber assumir os riscos e as responsabilidades em busca da melhor opção sem abrir mão das regras.

Se você assume um novo cargo numa empresa, terá que tomar decisões. Elas é que garantirão a sua permanência. E para se sair bem, o mais importante é tomar conhecimento das regras, da cultura daquela instituição, para aumentar a probabilidade do acerto nas escolhas.

Em síntese: as regras são os fundamentos para a autonomia. Quer ensinar ao seu filho fazer melhores escolhas na vida, dê-lhe autonomia desde cedo, sempre afirmando de forma bem clara as regras que embasam as decisões.

c) Autonomia se faz nas mudanças para melhores escolhas a partir dos sucessos e frustrações

Voltando ao caso da pastelaria, depois que o filho não gostou do seu pastel e acabou comendo, o seu pai ressaltou: "Na próxima vez poderá pedir outro sabor".

Autonomia é construída na maturidade de sempre escolher melhor na próxima vez. Não há garantias. Não quer dizer que outra opção necessariamente seja melhor. Importante é aperfeiçoar-se para não insistir no erro, no comodismo da mesma opção já frustrada ou na incapacidade de analisar e buscar uma condição melhor.

A condição básica de existirmos como seres humanos é sabermos fazer escolhas o tempo todo. É para isso que buscamos maturidade.

Os melhores cargos no mercado de trabalho, o bom relacionamento conjugal, as lideranças comunitárias e políticas são determinados por melhores competências para tomar decisões. Este é o princípio de existir e ser bem sucedido.

Autonomia é a capacidade de fazer escolhas por si só com responsabilidade e maturidade:

a) Atendendo às regras fundamentais.
b) Enfrentando as consequências.
c) Aprendendo a escolher melhor, aperfeiçoando-se.

Para todas as suas decisões, preste atenção a estes pontos para exercer a sua autonomia. Importante é buscar ser maduro. E, na prática, tudo começa na forma de pensar sobre as questões, especialmente como você se enxerga e como ver o outro.

Em outras palavras, se o problema é num relacionamento amoroso, esforce-se para não criar vítimas falsas ou acusar injustamente alguém como culpado. Entenda os erros, culpas, sofrimentos, direitos, razão de cada um, tentando ser o mais imparcial e empático, que quer dizer colocando-se no lugar do outro. Seja justo.

1. SUPERE A IGNORÂNCIA

O primeiro inimigo que terá que enfrentar está em você mesmo. É o seu ego, responsável por um conjunto de reações internas que podemos reunir num único termo: ignorância.

Dentro deste pacote chamado ignorância, o primeiro aspecto é a nossa luta por estarmos certos, com a razão. As nossas faculdades cognitivas lutam com toda força para sempre reafirmar que temos razão. E quanto maior a sua ignorância mais fortes são estas forças cognitivas defendendo, buscando a todo custo, um meio, uma justificativa, uma razão para defender a si próprio.

É fácil identificar quando numa situação de erro ou falha, para não admitir nem mesmo para si próprio, e ter que assumir e pedir desculpas, você elabora um emaranhado de pensamentos justificadores dos seus comportamentos. Vai buscar nas mais absurdas lógicas uma forma de enxergar uma justificativa, um meio de ainda acreditar que está certo.

Vale destacar que estamos falando que devemos reconhecer nossos erros e falhas, ou seja, quando realmente estivermos errados. Quando estivermos certos, devemos sustentar a nossa posição, a não ser que seja por uma estratégia.

Em síntese: pessoas menos desenvolvidas têm maior força nas autojustificativas para não admitirem suas falhas. São pessoas fracas. Têm dificuldade de lidar com a falha, com o próprio erro.

São estas autojustificativas que impedem o seu desenvolvimento. Vive aprisionado, escravo da consciência ignorante. Passará a vida toda ensaiando mudanças de atitudes em todo final de ano e nunca mudará de verdade. Viverá resmungando, reclamando e nunca tomará atitude para uma condição melhor.

Se nos perguntarmos o que nos incomoda, o que nos perturba, teremos várias acusações aos outros. Mas, no fundo, todo o problema está na nossa incapacidade, impotência e ignorância em mudar, buscar melhorar, trocar de posição.

A maioria de nós, os medíocres, passa a vida e não muda quase nada. Quando conseguem algo, um avanço, é porque foi forçado pela situação a ter que sair, refazer ou mudar. Sem autonomia.

O melhor é sempre nos policiarmos sobre as nossas autojustificativas ignorantes, estarmos dispostos a lidar como os nossos erros e buscarmos mudança e aperfeiçoamento para condições melhores.

2. DESENVOLVA A SUA MATURIDADE EMOCIONALMENTE

Ser maduro é estar desenvolvido. É a habilidade de responder às circunstâncias satisfatoriamente. E maturidade emocional é dar conta de lidar com os seus próprios sentimentos e comportamentos diante das adversidades, frustrações e contrariedades.

Ultimamente temos assistido à promoção da importância das inteligências múltiplas, destacando as habilidades pessoais, especialmente para o mercado de trabalho. O foco passa a ser nas competências para resolver problemas. E neste âmbito a maturidade emocional já ocupou o lugar de destaque como indispensável ao sucesso socioprofissional.

Os seus filhos, em sua convivência, provavelmente com o seu apoio e estímulo, desenvolver-se-ão mais do que você nas diversas áreas da vida: serão mais bem instruídos educacionalmente, mais informados, ganharão mais dinheiro. Mas dificilmente serão diferentes no que diz respeito ao seu nível de maturidade emocional.

Neste quesito não há jeito: se convivem com você numa relação paterna, pai ou mãe, a probabilidade de superarem seus perfis emocionais é muito pequena. Isso nos ensina a importância de nos apresentarmos mais maduros emocionalmente aos nossos filhos.

Surgem os perfis extremos já tão abordados pelos comunicadores das áreas humanas: de um lado, o ignorante emocionalmente e, do outro, o inassertivo. O primeiro expressa as suas dificuldades emocionais por agressividade, e o segundo não consegue ser firme suficientemente para impor suas necessidades e direitos.

1. O grupo dos ignorantes emocionais diante da contrariedade, do conflito, da discórdia, apresenta-se intolerante, angustiado e agressivo. Essa agressividade não quer dizer necessariamente nervosismo. Trata-se do comportamento de desprezo do direito alheio: desde um não aceitar que o outro opine numa con-

versa até a rejeitar uma atitude de uma pessoa sem motivos para tal, pelo simples fato de incomodá-lo.

2. O inassertivo é o bobo sentimentalmente. É o que se faz sempre muito gentil, passivo, bonzinho, sem firmeza nas suas concepções, inseguro, que se compromete em função do outro. Não consegue defender os seus direitos em contraposição a uma contrariedade.

A maioria dos cuidadores se classifica por estes grupos. O equilíbrio emocional, a assertividade, é muito raro, muito difícil nos lares. Seria a pessoa firme em suas atitudes e conceitos e ao mesmo tempo respeitoso com os direitos e concepções dos outros. É realmente pouco comum. Continuamos "produzindo" pessoas fracas emocionalmente.

Empresas têm-nos procurado com maior frequência, demandando treinamentos para seus lideres com foco em desenvolvimento das suas maturidades emocionais. E a própria imaturidade do profissional em não reconhecer, não conseguir identificar a sua deficiência, torna-se um grande dificultador para a nossa intervenção.

É muito comum o profissional buscar crescimento, destaque, no mercado de trabalho investindo em adquirir habilidades técnicas, esquecendo-se das competências pessoais: relacionamento interpessoal, comunicação, autocontrole. Estas vêm se tornando as grandes vilãs das situações de fracassos e demissões nas empresas.

Está aí o nosso objetivo: alcançar maiores níveis de maturidade emocional, de controle das nossas emoções, para sobressairmos.

II.   AUTOCONTROLE

Se quer ser bem desenvolvido socialmente e ter mais facilidade para influenciar as pessoas, antes tem que adquirir domínio próprio. Deve desenvolver o autocontrole.

A principal dificuldade é a nossa falta de disciplina. Vem de uma herança cultural. Somos difíceis para controlar os nossos hábitos alimentares, os cuidados com a saúde, os treinamentos físicos e educacionais. Dieta, atividades físicas, leitura, comportamentos que exigem disciplina são difíceis de serem cumpridos em nosso meio por mais que tenhamos consciência dos seus benefícios.

Precisamos assumir os controles da nossa vida pessoal. Chega de indisciplina. Vamos ser fortes e já dar um grande salto.

Vamos para a prática.

1. COMECE POR UMA FAXINA

Sem muitos rodeios, vamos começar pelo mais urgente. Foque naquelas áreas em que mais tem dificuldade de se controlar: maus hábitos, vícios, comportamentos indesejados e vença-os. Analise quais são as suas principais teimosias: insiste em contrariar um familiar, não consegue manter uma dieta indicada, tem um vício condenado pela sociedade: sexo, álcool, roubo.

Não espere muito. Antes de buscar ajuda, aconselhamento ou tratamento, desafie-se. Tire de você um pouco mais de força e determine-se a vencê-los. Passe uma régua na sua vida e comece a partir de hoje a se comportar suportando as suas dificuldades simples e persistentes de autocontrole que o têm derrotado.

Dê uma geral nos seus objetos

O jeito mais fácil de vencer estas dificuldades é dando uma faxina na sua vida. Comece por uma geral nos seus objetos físicos. Vá à sua casa, no seu quarto e tire de uma vez todas as bobagens que tem guardado ninguém sabe pra quê. Dê uma varredura no seu guarda-roupa. Aproveite para fazer uma caridade e doar as roupas e calçados que não utiliza. Vá além, tire também tudo aquilo de que não gosta e que às vezes, por estar ali, acaba usando.

Pare com esta história de "e se um dia eu precisar!?". Quando fazemos esta faxina nos nossos armários ficamos mais motivados. É concreto. Tiramos um peso, sentimo-nos aliviados de tanta bobagem que guardamos.

Em seguida, desfaça de tudo que gera sentimento ruim. Uma carta que marcou uma época desagradável, uma foto que traz uma lembrança melancólica, um objeto que lembra uma situação triste. Dê uma geral nestas lembranças de uma vez por todas. Queremos o que nos proporciona bons sentimentos e ótimas lembranças. Chega de melancolia.

<u>Filtre as pessoas</u>

Passe para uma etapa mais importante e difícil. Faça uma limpeza nas suas relações interpessoais. As pessoas com as quais andamos nos influenciam muito. Não precisa expor para as más companhias que irá se afastar delas. Mas, de qualquer forma, afaste-se de uma vez por todas de quem o prejudica e lhe faz mal e, naturalmente, das pessoas a quem você atrapalha. Se for alguém com quem não há como parar de ter contato, como um colega de trabalho ou um parente, aos poucos vá tornando mais superficial os seus encontros, vá diminuindo a interação, até passar a ter uma relação apenas de conhecido.

De uma vez por todas, escolha andar com pessoas que o promovem, que lhe façam bem, que são boas companhias.

Também terá situação de pessoas boas, que você gostaria de ter no seu grupo de convivência, mas que por eventualidades estão afastadas. Pode ter acontecido algum conflito. Nós que somos mais desenvolvidos estamos acima dessas mediocridades.

Um rapaz conheceu uma jovem num congresso universitário envolvendo várias instituições de cidades diferentes, e começaram uma amizade. Durante o evento tudo se desenrolou bem. Segundo relato dele davam-se muito bem.

Ao término do evento, quando se despediram, a jovem assumiu o compromisso do contato no dia seguinte. E cumpriu: enviou uma mensagem via celular para ele pedindo que ligasse para ela.

Somente anos depois, ao se encontrarem por acaso numa colação de grau em que tinham amigos entre os formandos, descobriram que ele não recebera a mensagem, provavelmente por algum motivo técnico da operadora de telecomunicação. Mas na época, ambos entenderam como rejeição do outro: para ela o rapaz recebera a mensagem e não quis respondê-la; enquanto ele imaginou que ela preferira não manter o contato e por isso não teria se comunicado.

É muito comum assistirmos no nosso cotidiano fins de potenciais bons relacionamentos por falta de uma melhor comunicação ou humildade para insistir num contato. Basta imaginarmos que o outro não quis nos responder que já temos como o fato e não nos dispomos a procurar descobrir a real situação de uma quebra de um relacionamento.

Se existir uma pessoa importante para você, percebendo que aconteceu algum mal entendido, vá de uma vez e recupere o contato. Não interessa se vai "dar o braço a torcer" ou se irá parecer que é muito oferecido. Reconquiste-a.

Não tem preço formar e manter uma boa equipe pessoal, especialmente no conjunto das pessoas de sua maior afinidade. Capriche!

Dispense os seus maus comportamentos

Por último, faça uma reflexão dos seus indesejados comportamentos. Sobre tudo aquilo que você faz, a forma como reage, como corresponde às circunstâncias e em que gostaria que fosse diferente. A partir de hoje, definitivamente, mude. Passe a fazer tudo corretamente. Pare com os comportamentos de que não gosta e assuma as atitudes que deseja.

Se tiver alguma pendência para resolver e tem prorrogado, vá de uma vez e resolva, se for possível. Crie atitude. Desperte. Não podemos perder tempo com esses detalhes. Temos questões muito mais complexas para tratar.

Dê uma faxina na sua vida e de uma vez por todas resolva essas pendências, deixando de lado o seu orgulho ignorante. O que importa é o resultado.

Toda esta faxina é o *start* para motivar a sua nova fase de disciplina, autocontrole. A partir de agora você se esforçará para dominar até os seus comportamentos indesejáveis mais fortes. E para isso é importante o entendimento de que os nossos sentimentos são determinantes nos nossos comportamentos.

2. CONTROLE DE SENTIMENTOS

O verdadeiro e grande desafio é controlar as nossas emoções e sentimentos. É onde se expressam as nossas maiores fraquezas.

Os nossos afetos: o carinho, o querer bem e a estima guardamos a sete chaves. Protegemos acima de tudo as pessoas de quem gostamos e de forma alguma permitimos que eventualidades e conflitos as tirem de nós. Como já afirmamos, temos claramente conosco que buscamos aperfeiçoamento pessoal e profissional para nos proteger e cuidar dos nossos.

Já as emoções são prejudiciais. Se formos emotivos, não conseguiremos apoiar os nossos com tanta persistência e obter os resultados. Pararemos na metade dos processos, vencidos pela mágoa, raiva, discórdia. E no final, sofreremos grandes decepções e angústias.

Afetividade e Emocional

Vamos entender melhor a complexa diferença entre Emocional e Afetividade, que está muito bem apresentada no nosso livro anterior, "Persuasão do bate-papo à oratória":

> "Afetividade diz respeito à afinidade, aqui no caso, entre pessoas. Quando dois indivíduos que não se conheciam têm a oportunidade de conversar e aumentam os laços de amizade, naturalmente aumentam a Afetividade.
> Uma professora, na sua primeira aula para uma de-

terminada classe, tem pouquíssima afetividade em relação ao seu estado no final do ano. Afetividade está relacionada com afeição, cordialidade, laços familiares, sentimentais e sociais de uma forma geral.

Por outro lado, emocional está relacionado a sentimentos, a estados sentimentais, desde raiva, tristeza, felicidade, a autoestima e autoconfiança. Nesse sentido, sensibilidade emocional é a variação destas emoções.

Afetividade não se confunde com Emocional, embora estejam diretamente ligados. Eu posso amar a minha mãe e por um momento estar decepcionado ou com raiva dela. Uma mãe pode adorar o seu filho, mas por um instante querer dar-lhe uma surra por um mau comportamento."

Emocional é diferente de afetivo. O que desejamos é muito afeto para com as pessoas do nosso convívio. Quero ser bastante afetivo com a minha filha, meus familiares e amigos. Mas devo controlar as minhas emoções até mesmo para fortalecer o afetivo.

Se eu conseguir lidar com mais afetividade e menos sentimentos emocionais com as pessoas construirei fortes laços interpessoais.

Ter sentimentos é inerente ao ser humano. Quando mencionamos sentimental destacamos uma pessoa com muita sensibilidade emocional, o que desprezamos não porque somos frios, como somos muitas vezes acusados, mas simplesmente porque entendemos que a melhor forma de lidar com as dificuldades é encarar com firmeza, lutando pelos que temos afeto, adaptando os nossos comportamentos, sendo fortes e racionais.

Ser sentimental levará a se apresentar como vítima, mero sujeito da ação do ambiente, pobre passivo dos eventos em que vive. Não. Queremos ser fortes. Queremos que as pessoas à nossa volta, especialmente os nossos, sejam fortes. Sentimentalismo é fraqueza.

Quero que a minha filha cresça e tenha sucesso nas várias

áreas da sua vida. O que mais desejo a ela é que seja forte, sem perder os laços afetivos, mas superando os seus sentimentos emocionais, o que é indispensável para vencer mais e sofrer menos na vida.

Não quero uma filha vítima, passiva ao seu ambiente. Quero uma lutadora forte, inteligente cognitivo e emocionalmente.

Inteligência emocional é o segundo elemento dos mais importantes que devemos oferecer aos nossos filhos. O primeiro é a regra. O terceiro é alfabetização. E o resultado de tudo isso será maturidade e autonomia na vida, o mais importante.

Um casal com anos de convivência já desenvolveu e afirmou seus laços afetivos. O maior vilão são as emoções. Estas são capazes de em um estalo de um novo pensamento colocar tudo "por água abaixo".

Pessoas mais desenvolvidas são muito afetivas e pouco sentimentais. Se você quer ser um agente da persuasão, se quer influenciar as pessoas à sua volta, trate o mais rápido possível do seu sentimentalismo: mágoa, raiva, saudade, tristeza, melancolia.

Emoções é o que nos torna fracos e nos faz sofrer. Precisamos desenvolver a nossa habilidade de manejar os nossos sentimentos para melhorar o nosso desempenho na persuasão e nos sairmos melhor em nossos dias. Controlar sentimentos!? Como fazê-lo?

Vamos para a prática.

3. CONTROLE DE PENSAMENTOS

Para controlar as nossas emoções, a primeira tarefa é dominar os nossos pensamentos. Pensamentos são determinantes nas nossas faculdades cognitivas, psicológicas e sociais.

Uma discussão comum no campo da Psicologia é sobre a relação de sentimentos e comportamentos. São diversas opiniões. Alguns grupos defendem que, a partir dos estímulos que recebemos pelos nossos sentidos, primeiro vêm os sentimentos e depois os comportamentos. Já há quem argumente o contrário:

primeiro comportamento e depois sentimento.

Pensamentos, Sentimentos e Comportamentos

Entenda-se assim: as três faculdades estão extremamente interligadas. Num ciclo, uma causando e sendo consequência da outra. O que você pensa gera sentimentos correlatos que determinam comportamentos. E da mesma forma no sentido contrário.

Os nossos pensamentos definem os nossos sentimentos e comportamentos. Na minha abordagem psicológica comportamental, tecnicamente temos o pensamento como um comportamento. É só uma questão de conceito. Mas, para o nosso trabalho aqui, vamos tratar separadamente: pensamento, sentimento e comportamento.

Na prática não há como controlarmos diretamente os sentimentos. O que nos vale é controlarmos primeiramente os nossos pensamentos e depois os comportamentos. O sentir será consequência.

Se a intenção é estar bem com uma pessoa, imagine-a pelas perspectivas positivas para ter um bom sentimento e uma boa ação para com ela. Se precisa ter raiva é só pensar negativamente.

Aprofundando mais na análise, os mais evoluídos não ficam relembrando passados ruins para ficar chateados. Basta falar sinteticamente para você mesmo: "Estou chateado com ele". Já é o suficiente se não permitir pensamentos de pena, lembranças positivas ou de sentimento de culpa.

Um casal de namorados encerrou o relacionamento. O rapaz ficou muito abatido. Ele teria se comportado mal na relação e se arrependera somente depois do término, naturalmente ao vivenciar a falta. Por outro lado, a namorada sabia que a decisão foi boa: "realmente não iríamos dar certo".

A jovem está se esforçando para esquecer o ex-namorado. Já este passa o tempo relembrando as situações agradáveis que viveram, sofrendo com saudades dela.

Esse comportamento do garoto o torna mais frágil, determinará comportamentos de insegurança e, no máximo, o que poderá conseguir é um sentimento de pena da ex-namorada. Para recuperar o seu namoro deverá se apresentar forte, firme, inclusive ao pedir desculpas a ela.

Também terá que dar um tempo, terá que suportar um período em que ela precisará para se recuperar: diminuirá o efeito emocional das discussões e estará mais propensa a voltar atrás, lembrando que nós seres humanos gostamos de pessoas fortes, equilibradas, para compensar as nossas faltas. Quanto mais maduro o jovem se apresentar maior a probabilidade de um retorno mais rápido. Já comportar-se infantilmente, desequilibrado emocionalmente, por mais que se humilhe para ela, não funcionará bem.

Do outro lado, a moça, com a intenção de realmente "passar a régua", de não fraquejar e acabar se entregando ao retorno, deverá evitar pensamentos emocionais. Nem lembranças positivas e muito menos negativas. Geralmente, neste contexto, a tendência é acreditar que, pensando mal, lembrando tudo que viveram de desagradável fará com que fique com raiva dele e não o queira mais. Não é assim que funciona.

Tanto as boas ou as más lembranças trazem vínculos afetivos da relação. O ideal é tratar das questões práticas tecnicamente. Se for uma pessoa com quem terá que manter contato, que o faça focado nas tarefas, nas condições racionais da relação.

Quanto aos pensamentos, para as boas lembranças, vale reafirmá-las como valeu a experiência: "tivemos muitos bons momentos que fizeram valer a pena o tempo em que estivemos juntos". Agora fechou a relação; para as más recordações, não vale a raiva. Liquide este sentimento. Pense que numa relação há conflitos e que eles geram aprendizagem. As más situações do namoro não quer dizer que um dos participantes não preste.

Em síntese, para encerrar um relacionamento amoroso com maturidade e bem resolvido sentimentalmente, vale pensar que, se durou pelo menos um momento, valerão as boas lembranças que ficarão e o aprendizado dos conflitos. Nada disso faz de um dos participantes menor. Com estes pensamentos, os sentimentos e comportamentos serão saudáveis e evitarão maiores feridas.

Relacionamentos profissionais passam pelo mesmo processo. Todos que saem de uma empresa pensando mal dela geram outros desdobramentos como processos trabalhistas. Um gestor comentava que a maioria dos problemas judiciais com ex-funcionário tem um fundo mais emocional do que financeiro propriamente dito.

Importante é a maturidade no término de contatos interpessoais, prestando muita atenção nas fontes de informação que alimentam os nossos pensamentos e podem ser muito comprometedoras.

Fontes de Informações Sociais

As nossas percepções devem ser muito bem elaboradas, o que não é o costume. Vivemos totalmente expostos aos comentários, impressões e ideias. Somos habituados a tirar conclusões de concepções sem fundamentos. Ouvimos uma conversa sem propriedade ou criamos uma imaginação e já elaboramos uma concepção sem um mínimo de estrutura lógica em fatos.

Muitas vezes comprometemos anos de convivência com um amigo ou familiar por um simples comentário negativo de um terceiro.

Nossas concepções são nossa formação. Se você acredita sempre no que não tem fundamento viverá numa condição muito precária. Nós que somos mais desenvolvidos não aceitamos nem mesmo as primeiras expressões de quando a própria pessoa fala sobre si. Sabemos que sempre vêm carregadas de autoproteção e orgulho. Agora vamos acreditar em concepções vendidas por outros!?

As pessoas medíocres não gostam da verdade dos fatos. Gostam das histórias, empolgam-se com os comentários. Nós não. Não temos tempo nem disposição para deduções e impressões. Precisamos de fatos. Não nos interessa o que dizem ou pensam. Interessa-nos o que é. E com a verdadeira concepção dos fatos é que persuadimos.

Aqui está uma das nossas principais concepções em persuasão. Preste atenção! Se você quer se sair melhor em comunicação pessoal coloque uma regra para si: não interessam mais os comentários e relatos dos fatos por terceiros.

Entenda que não é somente uma questão moral de não se envolver com fuxicos. Quando passa à prática de formar suas concepções em informações que não são extremamente verdadeiras, você perde o grande poder da persuasão que se resume em empatia. Não mais conseguirá entender e ler comportamentos humanos imparcialmente para influenciar as pessoas.

Na prática, sem a empatia cria-se um distanciamento da sua percepção com o que realmente é. Quer dizer que você não consegue enxergar a pessoa de convivência pelos olhos dela. Por esse comprometimento não só ficará longe de persuadir alguém como passará a não ser nem atendido mais em simples ordens ou pedidos.

Enxergue as informações em dois níveis de organização: grupo da verdade e grupo das farsas. Com o domínio da verdade, você pode até explorar o campo das falsas informações para influenciar uma pessoa. Mas, sem a verdade não há como.

Na clínica psicológica, mesmo que eu não precise desmascarar um cliente, tenho que ter absorvido a verdade. Eu trabalho com a perspectiva dele. Mas o tratamento se faz pela verdade, mesmo que mantida reservada por mim.

Eu trato uma pessoa na clínica psicológica pelas suas verdades, mesmo que expresse mentiras e eu não a desminta. Como desenvolverei habilidades de alcançar as verdades das pessoas se estiver com sentido nos comentários e conversas sem fundamentos?

É fácil diferenciar uma pessoa que se fundamenta em verdades de uma outra que se faz empolgada por comentários superficiais. Faça um comentário de um terceiro à pessoa que deseja avaliar, na ausência natural dessa vítima. De preferência uma informação negativa e pessoal. As expressões do ouvinte não esconderão.

Num nível mais aprofundado, as pessoas medíocres que se dão por interessadas em conversas alheias perdem a capacidade cultural dos mais desenvolvidos: elaborar pensamentos lógicos de situações corriqueiras. Quando irão dar as suas opiniões sobre um determinado evento não conseguem ser interessantes. Terão que apelar para outras estratégias pobres para conseguirem o que querem das pessoas. Mas não conseguem ser atendidas pelas suas linhas de pensamentos.

E o pior é que, por estarem emergidas nos sintomas medíocres do interesse nas informações superficiais, não percebem a degradação e passam a ser rejeitadas e excluídas socialmente, sem entenderem.

Como se não bastasse, o efeito do afastamento social causa o comportamento cíclico de explorar os próprios relatos sociais sem fundamentos na tentativa de recuperar os contatos. O que naturalmente agrava a sua situação, levando a níveis mais agudos de rejeição social, já com comprometimentos concretos nos seus ambientes familiares e profissionais.

Em outras palavras, a pessoa começa a dar ouvidos aos boatos e conversas sem se preocupar em colher as informações verdadeiras dos fatos. Vai se contaminando e perdendo as suas habilidades de empatia e convencimento para com os outros ao seu redor. Perde o que chamamos de credibilidade. Surgem os esteriótipos, rótulos: "cuidado com o que se fala com esta pessoa! Não é de confiança". Começa a ser excluída socialmente. Não entende que as pessoas gostam de ouvir falar dos outros, mas, ao mesmo tempo, têm medo de que falem delas.

Ao ser excluído, mesmo sem perceber, o nosso personagem passa a explorar o que tem em mãos: informações sem fundamentos de outrem e passa a tentar conquistar contatos utilizando-se dessas especulações. Cada vez mais aumenta a rejeição sem que a pessoa entenda.

Já num nível avançado, a pessoa que se insere neste ciclo de comentários colhe consequências comprometedoras em suas atividades diárias. Portas profissionais se fecham, amigos que a apoiavam se afastam e companhias em programas sociais somem.

Dispomos de habilidades para procurar diretamente a pessoa que nos interessa e conversar, questionar. Perguntar o que é importante sabermos e prestar ajuda se for o caso. E nem precisa levá-la os falsos comentários que ouvira. O que nos interessa é somente a verdade. Aceitamos do outro as mentiras quando não tem jeito e teremos que trabalhar sobre elas. Fora isso, não nos interessa outra informação senão a verdade.

Também só por ser verdade não sairei por aí divulgando, comentando. Se não ocorrer uma funcionalidade, uma vantagem para pessoa ou para mim, mesmo que eu tenha assistido a um evento negativo de um terceiro, ignorarei.

Se você quer mudar para muito melhor as suas relações sociais e diminuir bastante as suas "dores de cabeça", grave isto: "nunca mais darei ouvidos a conversas negativas a respeito de terceiros quando estiverem ausentes e menos ainda falarei sobre os outros do que não sei propriamente". Será uma revolução na sua vida. Saia da mediocridade. Dê um salto. Coloque-se em um nível elevado.

Existem outros assuntos muito interessantes que podem fortalecer os seus laços com as pessoas à sua volta. Por exemplo, converse sobre você, sobre a pessoa com que está dialogando. Comentem os seus comportamentos, dificuldades, falhas. Pessoas adoram falar de si quando não pressionadas, em conversas saudáveis até mais do que de outrem.

E sobre terceiros, apenas se for elogio ou para conseguir algum benefício para eles.

Agindo assim será muito mais fácil controlar saudavelmente os seus pensamentos e comportamentos para melhores sentimentos e relações sociais.

III. CONHECIMENTO

Persuasão é o nível alto da comunicação. É a comunicação na sua forma mais aperfeiçoada. E tudo se inicia no processo de transformar as informações que recebemos em conhecimento. Não é somente receber os conteúdos. É aprender. É saber utilizar o que foi assimilado para comunicar depois, por declarações ou por ações.

Uma reportagem em um telejornal, uma conversa com um amigo, a leitura de um livro, o contato com os colegas de trabalho, a cena que viu no centro da cidade com um acidente, a pesquisa na internet são fontes que nos estimulam diariamente e nos servem potencialmente para formação do nosso conhecimento. O grande desafio é absorver ao máximo as informações e transformá-las em conhecimento que valha para uma prática de comunicação. Fora isso, saber por saber não vale absolutamente para nada.

Não há como correr. Se você quer sair-se bem em comunicação pessoal, é óbvio que a estrutura básica é o conhecimento, não outra qualquer, o que valha para as suas atividades pessoais e profissionais ou que possibilite maturidade.

Vamos nos apropriar das expressões técnicas: memória declarativa e memória procedural, melhorando as suas aplicações, para entendermos que existem dois grupos de pessoas bem definidos sobre a aquisição de conhecimento.

1. Facilidades para informações teóricas, declarações.

Neste grupo estão as pessoas que desenvolvem maior facilidade de aprender declarações teóricas. Sobressaem-se em provas escritas, na área acadêmica, em trabalhos burocráticos e atividades rotineiras.

Necessitam de maior planejamento das suas rotinas, têm dificuldades em lidar com o imprevisto, não se dão muito bem em aprender novas tarefas que exijam habilidades práticas.

Cognitivamente funcionam guardando declarações. As informações recebidas pelos seus estímulos são armazenadas em forma de expressões da linguagem escrita, da palavra.

Se forem apresentadas pela primeira vez à teoria de como andar de bicicleta, facilmente assimilarão. Mas, se expostos ao objeto for exigido que andem, terão maior dificuldade, mesmo tendo adquirido as informações teóricas.

Guardam as informações como texto: "segure-se nas luvas do guidão; sente-se no selim, passando uma das suas pernas por cima da bicicleta, mantendo o pé da outra perna no chão como apoio". Memorizam essas informações não imaginando o que seria um guidão e um selim. O processo de memorização vai gravando os símbolos das palavras, ou seja, não estão preocupados com a imagem de um guidão e sim em guardar este termo. Não se preocupam com o procedimento de passar uma perna por cima. Atentam para os termos "perna" e "por cima". Gravaram assim.

2. Facilidades para procedimentos, o fazer.

Aqui estão as pessoas com maior facilidade para aprender a fazer. São facilmente encorajadas para tarefas práticas, assimilam melhor na ação e têm menor dificuldade para lidar com o imprevisto.

Naturalmente têm maior dificuldade para assimilar informações declarativas, principalmente se não tiverem possibilidade de uma visualização de processos práticos, ou seja, quanto maior a possibilidade de criar uma imagem do processo na prática relativo à informação, melhor será a aprendizagem. Caso contrário, informações meramente teóricas serão perdidas em pouco tempo.

Se apresentadas pela primeira vez à teoria de como andar de bicicleta se sairão melhor se já puderem ir para o objeto tentar praticar. As informações teóricas sem a imagem concreta dificultam a aprendizagem.

Este grupo guarda as informações cognitivamente por processos de comportamentos práticos pela dinâmica das imagens. Quando explicado para segurar no guidão tentam imaginar o que seria. Não se preocupam muito com a palavra em si. Necessitam de uma imagem do objeto e do processo. "Passar a perna por cima" é assimilado tentando enxergar mentalmente como seria este movimento.

Essas informações nos ajudam muito a definir nas escolas infantis quais os melhores métodos para alfabetização de cada criança. O professor que consegue adaptar os seus recursos às diferenças das habilidades de aprendizagem dos seus estudantes terá maior probabilidade de sucesso. Apenas probabilidade, é claro. Em educação existem outras variáveis também muito fortes.

Nós adultos temos que ter consciência dos nossos métodos cognitivos de aprendizagem para buscarmos melhores resultados. O importante é desenvolvermos a declarativa e procedural, identificarmos em qual temos maior facilidade para aperfeiçoamento e trabalharmos a deficiência na outra aprendizagem. Em treinamentos empresariais é essencial esta identificação e desenvolvimento a partir dos objetivos profissionais.

Pode-se perceber que, para discutirmos conhecimento, é fundamental falar sobre a aprendizagem. A nossa base, a nossa estrutura em comunicação pessoal e persuasão é a aprendizagem. O que aprendemos e como o fazemos determinam os nossos graus de desenvolvimento.

1. APRENDIZAGEM

Psicologicamente, aprendizagem representa mudanças permanentes de comportamentos através de informação, treino ou de experiência.

Existem quatro níveis de aprendizagem para nós seres humanos:

1. Por experiência própria.
2. Por modelo, experiência do outro.
3. Por informação.
4. Por dedução.

1. Por experiência própria

No nível mais simples o aprendiz somente consegue adquirir conhecimento através de experiências próprias. É a criança nos seus primeiros estágios que precisa provar, pegar, sentir para aprender.

Algumas pessoas levarão a vida sem se aperfeiçoar e ainda na idade adulta terão a ignorância da necessidade de experimentar para aprender.

Num atendimento psicológico, uma cliente, uma moça em plena juventude, expressou-me uma das maiores pobrezas de pensamento: "Mesmo que os meus pais tentem me ensinar, orientando-me do que não é bom para mim, já falei com eles, não tem jeito, só aprendo se eu for lá e 'quebrar a cara'."

Realmente soa muito mal esta colocação da minha cliente. Mas, é o que muitos de nós vivemos. Por mais informação e experiências alheias que tenhamos como modelo, ainda assim nos fazemos de ignorantes e nos expomos às mais ridículas situações e condições. O resultado é muita decepção e sofrimento.

Mas o grupo pior é o dos que vivem experiências negativas e insistem em revivê-las.

Aprendizagem por experiência própria é o primeiro estágio e o mais sofrido. Importante é tirarmos o maior proveito e as lições das situações que experimentamos para aperfeiçoarmos e nos poupar de exposições dolorosas para aprendermos.

2. Por modelo

O segundo nível da aprendizagem é quando conseguimos aprender pela experiência alheia, do outro. A criança não precisa mais enfiar o dedinho na tomada ou puxar a cauda do cachorro. Só em ver o irmão fazendo já aprende, vendo que as consequências não são agradáveis.

O adolescente viu o seu irmão pedir um trocado para o seu pai, que lhe negou e pensou: "É! meu pai não está de bom humor hoje. Nem vou me arriscar a pedir também."

O estudante, já no início do ano letivo, observou a sua professora tratar com firmeza o seu colega que não levara a tarefa de casa completa e aprendeu sem precisar passar pela mesma situação.

Neste nível da aprendizagem conseguimos nos poupar de ter que experimentar os eventos, aprendendo com as experiências dos amigos, colegas, familiares e até de pessoas desconhecidas. Pelo menos deveria ser assim. Alguns conseguem, outros, nem assistindo a pessoa ao lado recebendo consequências dolorosas por experiências desagradáveis aprendem. Este grupo tem dificuldade em aprender com o modelo. Terão que experimentar e, como disse a minha jovem cliente, terão que "quebrar a cara" para aprender.

Em síntese: é importante estarmos atentos às experiências e consequências vividas pelas pessoas à nossa volta para aprendermos, sem a necessidade de ter que experimentar as más situações.

3. Por informação

O terceiro nível de aprendizagem já é mais elaborado, mais aperfeiçoado. O aprendiz consegue tirar lições e mudar comportamentos sem a necessidade de experimentar ou de assistir a outros vivenciarem eventos desagradáveis. Basta a informação.

A criança já entende quando os seus pais dizem que não é bom e aprende, mesmo sem ter vivido, "quebrado a cara" ou ter visto o seu irmão experimentar.

Vale um grande esforço para desenvolver habilidade de aprender por informação. Até os animais irracionais conseguem aprender pelos dois primeiros níveis. Mas neste terceiro nível somente nós seres racionais.

Existe quem julgue que o seu animalzinho de estimação consegue atender no nível da informação "eu falo e ele atende". Nada disso. Trata-se de condicionamentos de entonação de voz, gestos e expressões que são respondidos pelo animal, ou seja, após acontecer pelo menos algumas vezes o cuidador punir ou reforçar o seu animal para determinados comportamentos desejados, o bicho fica condicionado a corresponder.

É simples provar. Uma das grandes virtudes da aprendizagem por informação é a dissociação. Aprender que não pode entrar no quarto até o cachorrinho aprende. Mas, depois de tempos, o animalzinho respondendo positivamente, tenta inverter. Ensine-o a entrar apenas falando, somente por informação: "agora você já pode entrar. Vá! Entre!".

Por mais que o seu amigo de estimação seja muito inteligente ele não responderá. Somente com mais treino, com um conjunto de novas expressões, poderá condicioná-lo ao novo comportamento de entrar. E mais uma vez será difícil o animal discriminar quando pode ou não.

Em treinamentos de comportamentos animais usam-se elementos condicionados para as respostas. Dependendo da espécie, uma simples entonação diferente na voz chamando o animal já é suficiente, após treino, para ele discriminar entre respostas desejadas diferentes qual deve atender.

A entonação que você usa para chamar o seu animal de estimação já apresenta referência do comportamento que deve responder. Entonação suave ele virá todo-todo. Entonação firme entenderá como punição. Isso se assim foi condicionado, ensinado.

Com nós seres humanos não é muito diferente. Apenas temos capacidade de responder aos condicionamentos com mais inteligência, embora a maioria despreze esta habilidade e viva extremamente sob condicionamentos pobres. São as maiores "vítimas" para persuasão e alienação.

Aqueles que já alcançaram condições de aprender neste terceiro nível são capazes de dissociação apenas pela informação. São mais inteligentes cognitivamente. Não porque nasceram assim. Aprenderam a aprender.

Naturalmente, quanto mais tempo respondendo à associação, ao condicionamento, mais difícil a dissociação. Aí entra a persuasão para catalisar, acelerar o processo.

4. Por dedução

O quarto nível da aprendizagem é o mais elaborado. A pessoa aprende sem as necessidades de experimentar, ver o outro vivenciando ou receber informação. Por diferenciar com maturidade o que provavelmente faz bem do que poderá fazer mal já traz lições, aprendizagem e mudança de comportamento.

A grande minoria da nossa sociedade tem esta capacidade.

O processo se dá quando utilizamos mais as nossas faculdades cognitivas, esforçando-nos para sermos mais racionais nos nossos comportamentos. Para isso é fundamental diminuirmos o nível de sentimentalismo. Devemos ser menos sentimentais, menos emocionais, como já afirmamos.

Exercitando a nossa autonomia, com muita maturidade, conseguimos refletir sobre o que poderá ser bom ou ruim para nós mesmos em situações novas. Vale muito a pena o esforço para desenvolver a habilidade para aprendizagem por dedução.

Aprender é o grande exercício do nosso desenvolvimento pessoal, especialmente para o mais importante: comunicar.

IV – COMUNICAÇÃO

Informação que gera aprendizagem é igual a conhecimento. Conhecimento por conhecimento não vale para nada. Pelo contrário, pode até prejudicar. É comum encontrarmos uma pessoa culta, com uma bagagem intelectual admirável. Mas, por não saber se comunicar, perde-se em comportamentos antissociais, dificuldades de ser entendido e fracassos até mesmo em avaliações.

A maior das habilidades pessoais, o ponto fundamental da estrutura dos bem-sucedidos, a representação do desenvolvimento humano é a Comunicação.

Preste atenção: maturidade, autocontrole, conhecimento e todas as outras competências que pudermos listar não são nada sem a comunicação. É o mais importante. É a essência do desenvolvimento sóciopessoal.

Você passará a vida sofrendo experiências, estudando, educando-se, convivendo. Pode fazer os melhores cursos, trabalhar em várias empresas, ter experiências de intercâmbios culturais, participar de grupos sociais, fazer trabalhos voluntários e tudo mais que puder vivenciar para se desenvolver. Se não aprimorar a sua comunicação passará a sua pobre e medíocre vida sem entender por que tanta coisa não deu certo, porque na maioria das vezes tudo foi "quase".

A regra é básica: sem aprimorar a comunicação não se tem sucesso, não se consegue sair da mediocridade. E as exceções são raras. Você pode até encontrar boas oportunidades e entrar em carreiras de sucesso. Terá muita dificuldade em se manter. O final será decepcionante. Não há jeito correr: tem que desenvolver a sua comunicação pessoal.

Todas as relações interpessoais, todas as atividades, tudo o que irá fazer está diretamente ligado à comunicação.

Resumindo: deixe de ser teimoso e ignorante e aposte tudo o que tem de recurso em sua comunicação pessoal. Torne-se bem desenvolvido socialmente, eloquente, sem temores com público, apto para contatos interpessoais, pronto para desafios.

Adianto que não é simples. A notícia é ruim: é difícil. Requer muita maturidade, autocontrole e conhecimento. Exige treino, determinação. Não é à toa que é o grande desafio.

Agora, a boa notícia: vale a pena. Saber se expressar bem, ser entendido e entender o outro, não ter receios para se apresentar em público ou para um novo contato interpessoal, tudo isso vale muito. Ainda mais num nível mais elevado: as pessoas atendendo aos seus pedidos, dando credibilidade às suas opiniões e correspondendo aos seus projetos.

Não é apenas não ter vergonha de falar em público ou não ser tímido para primeiros contatos sociais. É desenvolver-se até o nível de influenciar os outros.

Vamos começar pelos pontos mais simples que já devem ser trabalhados hoje, urgentemente, imediatamente.

1. EMPATIA

Toda a base da comunicação pessoal está na empatia, o que determina o sucesso numa palestra ou num simples papo de uma conquista para uma paquera. O primordial, o início, antes de qualquer comportamento, tudo começa na empatia.

Empatia é simplesmente se colocar no lugar do outro no movimento de buscar entendê-lo. Enxergar com os olhos, com as perspectivas dele.

Para desenvolver essa habilidade, a maior dificuldade é esvaziar-se das suas impressões, tornar-se imparcial, com o foco da percepção ao máximo voltado para o outro. É muito difícil.

Normalmente, quando vamos conversar com alguém, ainda o outro está se expressando e já estamos formulando as nossas concepções controlados pelos nossos sentimentos, nossas visões e intenções. Compomos as linhas de raciocínio sob nossas impressões e buscamos afirmação na fala do outro.

O amigo ainda está falando o que pensa sobre o fato e já estamos dizendo para nós mesmos: "Não concordo", procurando um ponto no discurso alheio para contrapor. Ao contrário, quando nos dispomos a concordar previamente, focamos apenas

nas partes que afirmam a nossa razão. Sempre nos preocupamos mais com o que pensamos do que com a expressão do outro.

Quer desenvolver empatia? O movimento do diálogo deve seguir esta linha:

a) esqueço-me do que penso sobre o assunto e me coloco totalmente com a atenção no relato do outro;

b) busco ouvi-lo sempre tentando formar as imagens relativas à sua fala, tentando imaginar como eu entenderia ou me comportaria se estivesse no seu lugar: com a sua idade, com as suas possibilidades, vivências, condições, sentimentos, expectativas;

c) elaboro comigo e peço *feedback* para ver se consegui assimilar corretamente o que me passara: "deixe eu ver se entendi: você quer dizer...?";

d) procuro experiências e conhecimentos meus que se identifiquem com o assunto.

Entender as pessoas, as mais diversas, é essencial para este exercício. Conhecer seus cotidianos, seus relacionamentos, suas dificuldades. Não saia por aí tentando impor as suas concepções de imediato. Procure num primeiro momento entender as pessoas. Não é sair adivinhando, simplesmente olhando e tirando impressões sem fundamentos. Tem que ter contato, conversar, conhecer propriamente.

2. RELACIONAMENTO INTERPESSOAL

O segundo quesito fundamental para desenvolver comunicação pessoal é a habilidade social: facilidade para relacionamentos com as pessoas.

Antigamente éramos mais tolerantes com uma pessoa de difícil relacionamento. Quando se encontrava destas numa empresa, todos os que já eram acostumados com as suas características antissociais a toleravam: "É uma pessoa difícil de mexer. Já sabemos que é assim e quando acontece um episódio ruim deixamos para lá. Ignoramos."

Os dias mudaram. Não suportamos mais pessoas difíceis de lidar. Geralmente, quando uma empresa oferece uma vaga de emprego e contrata a nossa empresa de consultoria para o processo de seleção profissional, o que mais ouvimos são alertas como: "Estamos dispostos até a receber um candidato inexperiente e treiná-lo. Mas não nos mandem pessoas complicadas."

Nas famílias, os mais difíceis de relacionamento têm sido excluídos. Nos grupos sociais, é fácil perceber os movimentos de resistência para com eles. Nos atendimentos em repartições públicas e comerciais são nitidamente protestados.

Para nós que queremos influenciar as pessoas, este perfil de difícil relacionamento é o pior. Quebram os padrões culturais de comportamentos, expressão ignorância, não se prestam a argumentações. São extremamente sensíveis, desagradáveis, perturbam, tumultuam, complicam. Realmente, sendo bem direto, são seres que precisam urgentemente de mudança ou serão naturalmente excluídos.

Particularmente, pago caro para não ter contato com pessoas desse perfil. Pode ser inteligente, bonito, bondoso, o que for. Se for, por natureza, desagradável socialmente não vale. Isso é forte para nós. Detestamos pessoas de difícil relacionamento. Devem, primeiramente, tomar consciência, o que geralmente é muito difícil. E procurar tratamento.

Faça uma análise bastante racional e veja se você se enquadra neste grupo dos de difícil relacionamento. Se perceber que a resposta é sim, ou às vezes nem é constantemente, mas está num período se comportando complicando as suas relações interpessoais, definitivamente tome consciência e mude. Como dizem, "ninguém merece" lidar com uma pessoa chata.

Quando você se sai bem nos seus relacionamentos sociais as pessoas fazem parte do seu grupo, estão do seu lado, já se apresentam predispostas a aceitar as suas opiniões e decisões. Ao contrário, quando têm dificuldade de relacionar-se no seu convívio, o comum é se apresentarem a você com resistência.

É nítido observar estes dois lados num grupo social de

maior convívio. Numa reunião de um grupo já composto, que já tem uma relação de vínculos entre os membros, quando um participante vai opinar, independentemente dos seus argumentos, já se sabe quem imediatamente irá concordar e os que rejeitarão a sua visão. E para vencer a resistência destes exigirá muito esforço.

O melhor é sempre prezar por uma equipe pessoal forte, a maior possível. Busque trazer o máximo de membros para o seu time. Conquiste. Demonstre amizade. Esforce-se por mais pessoas do seu lado.

E para dar uma força, vamos aos principais pontos do perfil de um maestro das relações interpessoais.

1. Seja uma pessoa simpática

Neste momento estou escrevendo no saguão de um hotel. Estou assistindo a duas hóspedes que chegaram para reclamar à atendente pelo fato de o aparelho de TV a Cabo não estar funcionando no apartamento em que estão hospedadas.

É sábado à noite. O serviço de TV é terceirizado neste hotel. Não há o que a atendente possa fazer. Por outro lado, como as hóspedes irão ficar sem TV? Pagam pelos recursos do apartamento e um dos principais não funciona.

A atendente não pode fazer nada e não enrolou. Foi bem clara dizendo que não sabia lidar com tais aparelhos, que o serviço é terceirizado e não oferecia plantão em finais de semana. Realmente, só poderia resolver na segunda-feira, o que não adiantaria para as clientes, pois iriam embora no domingo.

Eu me preparei para ouvir a discussão. Pelo menos caberia às usuárias solicitar mudança de apartamento ou exigir um desconto. Normalmente é a hora em que clientes mal atendidos brigam pelos seus direitos.

O impressionante é que a simpatia da atendente, a forma como ela falou, tirou todas as possibilidades das hóspedes discutirem. Estas saíram rindo e ainda falaram "obrigada" ao final. A simpatia da atendente realmente destruiu toda a ação de reclamação das clientes. Continuaram hospedadas no mesmo apartamento, sem a TV a cabo e tranquilas.

Nestes anos de trabalho, uma das principais lições que tirei é que, para a nossa cultura, a simpatia nos atendimentos se sobrepõe à própria informação e habilidade técnica. Feliz ou infelizmente é assim. É sem dúvida a principal característica de uma pessoa bem relacionada.

Não se trata de ser bobo, ser bonzinho incondicionalmente, agradar ao máximo. No exemplo acima, a atendente do hotel, sendo simpática, conseguiu o que queria e se contrapôs às clientes categoricamente.

Seja uma pessoa agradável, bem-humorada, atenciosa: simpática. Tem que ser fácil lidar com você. Não é simples. Nada do que estamos trabalhando é simples.

2. Evite criticar

O que mais se vê são pessoas querendo consertar o mundo com as suas críticas. Ora chamam até de conselhos. Existe até um ditado popular errado que diz: "Se conselho fosse bom não se dava, vendia." O conselheiro de verdade, um profissional competente, estudado ou uma pessoa experiente no que fala, é bem-vindo e com certeza é ouvido. Em algumas situações é até comprado. Mas sair por aí criticando e opinando na vida dos outros dizendo que está dando conselho!?

Por mais que as pessoas precisem mudar, ninguém quer ser criticado. Pode até dar certo e o sujeito atender à crítica. Mas até assim criará resistência com você. Na maioria das vezes, quando o crítico é uma pessoa acima da criticada no contexto social em que convivem, poderá ter aceitação pelas posições e não pela crítica em si. E se o submisso puder escolher uma companhia agradável não será o que o aconselhou.

Alguns se justificam dizendo que oferecem críticas construtivas, para o bem. Acontece que, para um conselho funcionar, o ouvinte tem que estar muito disposto, o que não acontece na maioria das vezes. Irá ouvir a orientação e poderá até tentar apresentar mudança na frente do crítico, em respeito. Mas, no fundo, não gostamos de conviver com pessoas críticas.

O crítico é mais um dos indivíduos que naturalmente vão sendo excluídos socialmente, na maioria das vezes sem perceber. O que acontece é que, quando se oferece um conselho e o outro pelo menos finge que aceitou, gera uma afirmação muito forte no que aconselhou. Sente-se como num patamar social elevado. O sentimento no fundo é assim: além de não ser rejeitado, que é o maior temor, foi um orientador.

O crítico sempre vive iludido e nunca terá condições de consciência da sua real situação nos seus convívios. As pessoas à sua volta criam uma máscara, uma capa para lidar com ele.

Preste atenção: vou mostrar como funciona.

Nós seres humanos, pelas pressões culturais a que estamos sujeitos e pelo grande temor de rejeição social, a maior das punições, não conseguimos lidar diretamente com as situações de conflitos intrapessoais, ou seja, sempre que somos pressionados a refletir sobre uma questão particular e enfrentá-la, desenvolvemos, naturalmente, fantasias e representações para amenizar e darmos conta de lidar com a situação. É um mecanismo de defesa psicológico automático.

Quando pressionados externamente, por uma pessoa, exigindo que, além de refletir sobre um assunto em conflito, que expressemos, formamos uma roupagem e representamos. Nunca nos expomos autenticamente. Quanto maior a cobrança mais nos mascaramos. Expressamos os nossos sentimentos e os fatos já corrompidos e dissimulados. Não conseguimos lidar com a realidade. Por outro lado, quanto mais à vontade num diálogo menos necessitamos de roupagens.

Isso quer dizer que o crítico sempre lida com as pessoas à sua volta já com suas roupagens. O ouvinte que não se apresenta com prévia intenção de analisar para orientar é o que alcança maior autenticidade nos relatos.

No meu caso, na clínica de Psicoterapia, ao receber uma pessoa, num primeiro momento, devo me comportar como mero ouvinte, sem pressões, preconceitos ou movimentos críticos. O aconselhamento é fruto de uma relação psicológica já bem instalada entre o cliente e o psicólogo.

O cliente procura o profissional de Psicologia. Paga um bom preço. Dispõe-se a comparecer na clínica. E mesmo assim, a maioria não quer ser criticada. Quer somente afirmação para os seus comportamentos. Imagine no caso do dia a dia. A realidade é que ninguém quer crítica. Quando solicitarem, mesmo assim você avaliará muito para ver se vale a pena se arriscar em criar resistência com a pessoa em função da crítica.

Resumindo: evite ao máximo criticar, fique de bem com as pessoas, deixe que outros critiquem, a não ser que seja um amigo ou familiar que já o reconheça como um conselheiro, e você está seguro de que não criará resistência. Fora isso é 'furada'. Não critique.

No caso de uma situação com um colaborador e se faz necessário chamar a sua atenção, crítica por crítica dará pouco resultado. O ideal é

1. destacar um ponto positivo no desempenho do colaborador, promovendo-o com um elogio ou ressaltando alguma habilidade dele;
2. discutir o ponto crítico que requer mudança;
3. voltar para uma afirmação, pelo menos um destaque em função de uma expectativa de melhores resultados pela frente;
4. orientá-lo a um comportamento ideal, melhor qualificado.

3. Não minta

Estudamos, desenvolvemos técnicas, treinamos e nos informamos para termos um lugar no meio dos mais avançados: vivem uma vida tranquila sem precisar da mentira.

Mentir é um comportamento extremamente pobre. E se você domina a persuasão, o que você quer é poder falar a verdade e que as pessoas à sua volta o aceitem assim. Se o medíocre falar a verdade, muitas vezes será rejeitado ou constrangido. O bom fala a verdade e é aceito.

Preste atenção à prática destes três tópicos apresentados para melhorar a sua habilidade social, relacionamentos interpessoais.

3. ARGUMENTAÇÃO

Aqui está o problema principal em nossa comunicação. Não tem cabimento o quanto somos fracos para conversar.

Eu lido com acadêmicos da nossa faculdade, empresários na consultoria, profissionais liberais nos treinamentos. Convivo com amigos, familiares, conhecidos. Entro e saio de estabelecimentos comerciais. É simplesmente impressionante a pobreza na elaboração dos raciocínios e falas das pessoas. Cada bobagem que somos obrigados a ouvir e ter que ficar respondendo, correspondendo...

Gente, gente! Melhore os seus argumentos. Pense melhor na hora de dar uma sugestão ou expressar a sua opinião. Seja inteligente.

E para isso dois exercícios são essenciais:

1. Convivência com pessoas que conversam bem.
2. Leitura.

Além desses dois pontos que deverá exercitar diariamente, vale uma fundamental observação.

Preste atenção no conteúdo da sua fala

O problema começa nos fundamentos dos nossos argumentos: pensamos sob controle do que queremos que seja, do que fantasiamos e do que nos falaram que é. Devemos construir as nossas linhas de pensamentos sobre o que é, o que nos está sendo apresentado, sobre os fatos. O mais próximo disso corresponde à lógica.

Se você vai dar uma sugestão, pare, observe os fatos, entenda os envolvidos com empatia, reflita sobre as possibilidades e consequências. Assim terá uma probabilidade de falar melhor.

Esteja com o foco da atenção e do raciocínio nos eventos externos primeiro para assimilar melhor o contexto. Somente num segundo momento você volta para uma introspecção e relaciona as suas concepções com o que apreendeu. Por fim, pense bem sobre o que irá falar.

Quando vamos treinar lideranças na área empresarial uma orientação prática é

1. antes de falar, pense na imagem que será gerada na mente da pessoa que ouvirá;
2. se a imagem for ruim, não fale ou mude o que irá dizer.

Toda fala produz uma imagem na mente das pessoas. O desafio é gerar uma boa imagem ou a melhor possível.

Aprenda a conversar.

Na próxima parte trabalharemos mais profundamente este tema comunicação em correlação com todos estes tópicos que apresentamos até aqui sobre a sua preparação para um grande agente da persuasão. Espero que esteja acompanhando e já colocando em prática estes fundamentos. Prepare-se.

PERSUASÃO E DESENVOLVIMENTO PESSOAL

a) Qual é o seu nível de conhecimento?

Um dos maiores erros de pessoas pseudo-desenvolvidas é pensar que sabem muito.

Acreditam que entendem muito das coisas, sempre carregadas de opiniões, oferecendo explicações sobre as várias áreas. Sem nenhum receio falam sobre assuntos fora de sua especialidade.

Pare aí! Comece pela sua área de especialidade. O quanto realmente entende do assunto? Não adianta se esquivar desta autoavaliação porque prejudica bastante a sua Carreira.

Essa análise deve ser, principalmente, avaliando o quanto é útil de verdade o que sabe. Ou seja, só interessa conhecimento aplicado ou com grande potencial para ser praticado.

E, definitivamente, pare de pensar que sabe de tudo! Não precisa! Especialize-se e obtenha o máximo de conhecimento na sua área de interesse, seja dominador dos conteúdos deste campo e afirme-se nisso.

Preparo-me para não perder nenhuma discussão. Para ganhar todos os conflitos de argumentação em que me envolver. E o início dessa formação é aprender a discutir apenas sobre assuntos de minha especialidade, que eu domine bastante e sobre o qual dedico muito tempo estudando, aplicando e aperfeiçoando.

Vivo observando tudo ao meu redor com foco na minha especialidade.

Quando eu dominar muito a minha área, e somente

me submeter a discutir assuntos referentes dessa minha especialidade, aí, realmente, o meu dever é estar pronto para ser o mais entendido. O melhor. Pelo menos, não parar de buscar esse nível.

E quanto aos assuntos que não são da minha especialidade, deixo para os outros, para os seus especialistas. Não tenho dificuldade alguma para perguntar a uma pessoa de referência na área.

É aqui que a mediocridade para, garra, engancha. Todo mundo quer ser especialista em uma determinada área, assunto. Mas, abrir mão de dar sua opinião em assuntos gerais e variados: quase ninguém dá conta.

"Medíocre" é ser médio. Se você está nesse nível não pode discutir sobre o assunto. Daí que surgiu esse significado que é hoje bastante pejorativo: "mediocridade".

Obviamente, que a gente que se capacita numa área aprende a importância de um especialista. Passa a não aceitar qualquer explicação, qualquer opinião. É como diz o chavão: "não engole qualquer coisa".

E isso: opinião solta é o que mais existe por aí. Vivemos numa cultura em que todo mundo dá opinião sobre tudo sem ser nem estudioso do assunto, para não falar: especialista.

Eu estava orientando uma entrevistada num processo de seleção sobre a importância dela definir as suas áreas de atuação e focar em ser a melhor, dominar de verdade o conteúdo e prática dessa sua área. Completei dizendo que aí ela não deveria mais afirmar sobre outros assuntos.

Ela me questionou: "então não posso dar a minha opinião sobre assuntos que eu não sou especialista!? Que absurdo!!!"

Confirmei: "é exatamente isso. Se você não é especialista, não se dedica a estudar de verdade e praticar na área do assunto em pauta, o que vale a sua opinião!? Com certeza, a sua afirmação sobre o tema não será com propriedade. Será, no mínimo, uma grande especulação."

No dia a dia, quando o assunto for de outra área, seja sábio em manter-se bem declarando não entender sobre a discussão. E quando a conversa for sobre a sua especialidade, esteja pronto para oferecer, não apenas mera opinião, mas, conhecimento propriamente.

É nesta caminhada que entenderá que nunca chegará ao fim. Sempre terá algo a mais para estudar, praticar, treinar e desenvolver em sua área de especialidade.

O início deste ponto é fazer uma autoanálise verdadeira sobre o que você realmente entende, o que conhece, o que sabe. Não se engane.

b) O que realmente você sabe fazer bem?

Em seguida, muito ligado ao tópico anterior, avalie as suas habilidades, a sua capacidade. Pode ser sobre seus comportamentos, procedimentos e atuações.

Identificar a sua capacidade é o quesito mais importante para identificar a sua vocação.

E tem que ser um bom casamento do que sabe fazer bem com o que dá satisfação, prazer. Aquilo que realiza bem e passaria a vida fazendo.

Mas, mais uma vez, o problema é pensar que conseguir um resultado razoável numa determinada tarefa já é suficiente para considerar como "fazer bem".

Fazer bem feito é realmente conseguir com menos esforço do que os demais resultados superiores. Em outras palavras, é conseguir mais facilmente resultados difíceis para as demais pessoas.

E isso tem que realmente dar prazer, satisfação, de tal forma que as dificuldades, as punições naturais na realização não sejam suficientes para comprometer a satisfação.

Em síntese: avalie o que realmente sabe fazer bem, com prazer, obtendo resultados nobres.

Se não encontrar uma resposta, deverá começar do zero. Pegue as áreas de mais interesse em desenvolver conhecimento, conforme tratamos no tópico anterior; estude e aplique ao máximo com bastante dedicação; naturalmente irão surgir as tarefas mais chamativas e que conseguirá realizar com facilidade.

Fique atento ao termômetro, aos indicadores: fazer bem, gostando, deve ser somado a ter resultados excepcionais. Sem esses três aspectos juntos não deve ser considerada uma tarefa de sua vocação.

Seja bastante técnico nesta análise.

c) Qual a sua real experiência profissional?

"Tem gente" que monta um currículo todo floreado e passa a acreditar de verdade no que colocou no papel.

Não há problema você caprichar na sua autoapresentação, inclusive no seu *curriculum vitae*. Agora, na hora de autoanálise, é fundamental discernir o que realmente valeu das suas experiências profissionais.

Atendi um rapaz, num processo de *Mentoring*, que estava destacando a sua passagem por uma empresa. Na conversa, descobri que o tal empreendimento em que trabalhara é dos seus próprios pais, que chegaram até a registrá-lo para os benefícios da Previdência. Mas, ele não atuara de fato no cargo. Ajudava em uma coisa ou outra na empresa, de forma muito esporádica.

Podemos encerrar essa primeira etapa deste livro aqui mesmo. Já ficou muito claro que o primeiro passo é livrar-se de toda fantasia, sair do seu "fantástico mundo", ser sincero consigo próprio. Ser realista. Caso contrário, continuará distante de uma Carreira Profissional genuína, autêntica, fundamentada em sua vocação e sob um Projeto de Vida propriamente.

Pare de fantasiar! Seja forte e encare a realidade:

a) Quem da sua convivência realmente é seu amigo?
b) Como a sua família vê você?
c) Qual é o seu nível de conhecimento?
d) O que realmente você sabe fazer bem?
e) Qual a sua real experiência profissional?

Responder essas perguntas é uma árdua tarefa, muito difícil. Deverá tentar sozinho primeiramente. Se não conseguir, não veja como fracasso. Não será estranho buscar uma ajuda técnica profissional para essa tarefa.

Agora, realmente não adianta ignorar esta etapa e continuar esse roteiro. Não tem sentido falar em Projeto de Vida, planejamento e sucesso profissional ainda sob uma ideologia falsa sobre quem é você realmente.

Depois de responder com propriedade sobre si, esvaziando-se de todo "faz de conta", fantasia e ilusão, você precisará de uma reconstrução.

CAPÍTULO II - O PERFIL DO PERSUASIVO

No nosso livro publicado anteriormente "Persuasão do bate-papo à oratória", trabalhamos o tema "como convencer as pessoas" num nível básico. Falamos das relações cotidianas, da oratória, das discussões. Oferecemos informações práticas para se tornar mais persuasivo.

Neste novo trabalho, trataremos o assunto com maior profundidade, pressupondo que você, leitor, já tenha praticado e amadurecido desde a outra leitura. Isso não quer dizer que o anterior seja pré-requisito para este. Apenas é importante saber que os princípios básicos já foram apresentados e que é interessante que leia depois o nosso livro anterior, se ainda não o fez.

Até aqui trabalhamos com o foco na sua formação, na sua preparação. Nas próximas páginas entraremos propriamente nas relações de persuasão, de influência das pessoas que dominam a comunicação pessoal *versus* os sujeitos, os submetidos.

Não estranhe a franqueza com a qual apresentarei o conteúdo. Desde o início deixei transparente que trataremos os temas o mais direto e sem receios. Querendo saltar para o lado dos persuasivos, prepare-se e aproveite cada pedaço das próximas páginas.

Na primeira impressão parece que queremos destruir, prejudicar os nossos adversários na persuasão. É bem pelo contrário. Mais uma vez afirmamos: queremos nos proteger de manipulações e ajudar as pessoas a desempenharem melhor os seus papéis. Para isso, precisamos que estejam na mais saudável condição, pensando, sentindo e fazendo o que queremos.

Venha comigo!

I.   APRESENTAÇÃO DO PERSUASIVO

Faça uma imagem da apresentação ideal para o perfil do persuasivo. Imagine comigo como é o conjunto das características de uma pessoa bem desenvolvida socialmente, que domina as habilidades da comunicação pessoal e da persuasão.

Vamos apontar estas principais características, aproveitando para falar da relação com a "vítima", já explorando recursos de persuasão.

BEM-HUMORADO

Feliz, contente. Sorrindo sempre que a ocasião permitir. Em situações sérias deve-se comportar coerentemente. E na hora de brincar também não se deve empolgar demais. Sem rancor, sem revolta, ignorando provocações pobres. De bem com a vida, mesmo com problemas, o que todo mundo tem.

A "vítima" é mais sugestiva a uma pessoa numa boa condição. Se você vai à minha clínica para um atendimento psicológico, em busca de uma escuta, direção ou orientação, é fundamental que eu me apresente de bem com a vida. Você não irá receber sugestivamente qualquer *feedback* vindo de um indivíduo com uma aparência de preocupação, tristeza, ansiedade.

Se vamos dar ouvidos a alguém, pressupomos que este esteja numa condição melhor do que a nossa. O contrário gera mais resistência, independentemente do conselho em si.

Um empresário bem sucedido vai dar uma palestra, suas orientações são muito melhor recebidas do que as de um fracassado. O público não tem a percepção de que quem se sai bem, na maioria das vezes, testou uma ou poucas experiências. Nós mais desenvolvidos sabemos que o que se deu mal, o que faliu, que insistiu e foi derrotado, este sim teve mais experiência, e sua história e conselho valem mais. Para as pessoas em geral não é assim.

Nós, que entendemos melhor, sabemos que não quer dizer que se o empresário teve sucesso com uma estratégia é só repeti-la que dará certo. Por outro lado, a maioria das experiências do derrotado serve para não ser imitado. Também sabemos que, mesmo derrotado, a noção do que realmente funciona é maior neste do que no empreendedor que apenas teve sucesso.

Um empresário, cliente da minha consultoria, muito experiente, conversava comigo sobre um candidato a gerente de uma das suas empresas. Nos argumentos ele colocara a questão de que o indivíduo teve uma empresa e faliu. Pessoas normais teriam isso como um ponto negativo. Um grande empresário enxergou como uma característica positiva: "se ele sofreu com uma falência deve ter experiência".

É obvio que não sairemos por aí correndo atrás de conselhos de quem se deu mal. Até mesmo porque a maioria continuará insistindo nos mesmos erros. Apenas entendemos que temos muito o que aproveitar das experiências deles.

Em síntese, nós seres humanos somos péssimos para aprendizagem. O que nos condena a aprender mais com experiências negativas. Se pudermos aproveitar das experiências desagradáveis dos outros para não precisarmos viver igualmente é bom.

O mais importante aqui é entendermos que, mesmo valorizando as experiências dos fracassados para lições, a maioria das pessoas se espelha nos modelos de sucesso, naqueles que aparentam ter os seus problemas bem controlados e resolvidos. Aí está o personagem a representarmos. Vamos apresentar o nosso lado bom. Sempre bem humorados, destacando as nossas vitórias, exceto num desabafo ou aconselhamento com um amigo mais chegado ou numa situação em que a estratégia de persuasão exija.

DETERMINADO NOS MOVIMENTOS CORPORAIS

Vai se levantar para ocupar outro lugar, faça-o determinado. Se irá abrir uma porta, vá firme com a mão na maçaneta e a abra. Ao cumprimentar com um aperto de mão seja decidido: estenda-a e segure firme a do outro. No caso de uma amiga e for dar um beijo no rosto, não vacile, não fique em dúvida. Seja determinado.

Atendi um jovem que me procurou para ajudá-lo por sua timidez. Em síntese, de tudo o que trabalhei com ele, num *feedback* ao final do programa, ele afirmou que o que conduziu todo o seu desenvolvimento foi a orientação para ser bem determinado nos seus comportamentos. Segundo seu relato, foi o que se tornou a base para as outras mudanças. Quando ele tinha que entrar num estabelecimento comercial para comprar um produto, pensava firmemente e executava as ações de: dirigir-se ao balcão, perguntar pelo produto e preço, confirmar o pedido, pagar, receber e conferir o troco, olhar para a porta e sair decididamente.

Com estes comportamentos orientados, o garoto conseguiu se livrar, em um nível significativo, dos seus receios de contatos sociais. Se um amigo se dirigia apresentando uma conhecida, ele parava um segundo, pensava em cumprimentá-la determinadamente com "três beijinhos" e se dirigia firmemente para ação.

Um detalhe importante é que o comportamento determinado deve ter todo o foco no objetivo da ação e não no desempenho em si. Ou seja, se for para pegar uma cadeira para um convidado se sentar, foque no objeto, vá e pegue. Não fique preocupado com os movimentos dos seus braços e pernas nem volte a sua atenção para quem irá assentar-se.

Quando precisar de se dirigir a uma pessoa bonita de sexo oposto, situação normal de gerar receio, para pedir um favor, oriente-se em firmemente chegar e falar sem se preocupar com os detalhes paralelos envolvidos na situação, por exemplo, as pessoas por perto.

FALA BASTANTE SEGURA

O conteúdo e a expressão da sua fala devem ser considerados e avaliados separadamente. Primeiramente elabore, organize e defina o que irá dizer. Quando for comunicar, toda a sua inflexão, conjunto das suas expressões corporais e vocais, deve ser bem segura.

Vamos ser bem diretos e sem rodeios: você tem que analisar se vai mentir ou não na hora de elaborar a sua fala e não na hora de expressar. Pense assim: para a análise do conteúdo é fundamental evitar mentir. Mas, para a prática do falar, não interessa se é mentira ou verdade: tem que dizer com convicção, acreditando totalmente.

Já tratamos sobre a importância de evitar a mentira. O privilégio é viver sempre na verdade, com a afirmação do seu grupo. Algumas pessoas se perdem nas farsas: enrola um aqui, mente ali, omite lá. Pior ainda é quando isso perdura e vira um mau hábito muito difícil de ser tratado. Nós que somos nobres da comunicação pessoal pagamos caro para não nos sujeitarmos a essa condição. Queremos é não ter trabalho com ficar montando e emendando histórias. Vale muito desenvolver-se para chegar a este nível. Os mentirosos estão abaixo da mediocridade.

Por outro lado, por mais que temos habilidade para identificar muitos mentirosos, reafirmando, não temos papel de detetive. Cada um que se condene com as suas mentiras e farsas. O que queremos é influenciar as pessoas positivamente. Se for indispensável desmascará-las, se não houver jeito mesmo, é o que faremos. Mas, se conseguirmos lidar sem precisar nos desgastarmos confrontando as mentiras, não há dúvidas: é o melhor. Para isso vale a maturidade, o que já explicamos, e é sempre importante sempre ressaltar.

Já para o falar propriamente, não interessa se a informação é verdadeira ou falsa. Querendo transmitir um fato, faça-o com total convicção, acreditando fortemente. Não expresse dúvida, insegurança.

ENTONAÇÃO MODERADAMENTE BRILHANTE

Para uma fala segura, a entonação é uma característica fundamental. Já é sabido que nós seres humanos preferimos tons graves a agudos. Na verdade, temos resistência a sons agudos. As vozes mais apreciadas, por exemplo, de locutores, tendem para a entonação grave.

A expressão deve ser equilibrada, nem uma voz muito morta e nem muito empolgada. O ideal é o equilíbrio, com pequena variação ora para o calmo ora para o contente. Para as exceções exige-se mais experiência: um animador de um comício político ou de um rodeio, um narrador de uma rádio ou um palestrante. Nesses casos trata-se de profissionais que estão envolvidos com entonações específicas de um meio de comunicação.

Em síntese, o ideal é a predominância de uma voz moderada, inclusive acompanhada de uma postura corporal coerente. Se não for por uma estratégia bem definida, não se deve alterar a voz, gritar ou levar a extremos a sua fala.

Por último, a fala deve ter força, com "vida". Brincamos nos treinamentos quando o participante apresenta uma fala tímida, muita acanhada: "solte a voz, fale para fora". Mais uma vez temos que utilizar o termo "determinado". Fale bem determinado cada palavra e com bastante ênfase na pontuação.

AUTOCONFIANTE NO VESTUÁRIO E ACESSÓRIOS

Sobre o vestir, procure se apresentar sempre melhor. Não subestime nenhuma ocasião. É comum pensarmos: "quando vou sair, capricho. Mas, dentro de casa, com o pessoal 'mais chegado', não me preocupo muito". Que vacilo! Ande sempre bem arrumado.

Não quer dizer chique, com roupas e assessórios caros, sempre com as melhores roupas. Daqui a pouco me interpretará mal e usará vestes "de sair" para ficar dentro de casa. Não é isso. Significa bem composto, com boa higiene, bem cuidado.

Ao deitar-se para dormir ou ir à padaria ao lado; dar um recado no vizinho; receber alguém na porta, sempre se esforce para estar bem. A sua imagem é formada no dia a dia. Uma moça é considerada bem vestida no cotidiano. No dia em que vai à festa toda arrumada é normal produzir-se, e infelizmente não conta muito.

Importante também é saber não exagerar no mostrar o seu corpo e se apresentar vulgar. O rapaz está frequentando a academia e está todo empolgado. Que bom pela sua autoestima. Só deve ter cuidado para não apelar, por exemplo, para camisetas regatas em ambiente que não aceitam bem.

Para as moças, oferecer meramente a exposição de uma parte do seu corpo pela afirmação social é muito pobre. O melhor é explorar a sua comunicação pessoal pela informação, atitudes profissionais, relacionamentos saudáveis. Nos lugares certos, uma roupa bem vestida, destacando discretamente as partes corporais mais bonitas, é bem-vinda. Mas, no dia a dia, venda suas competências pessoais. Garantirá um reconhecimento social à altura.

Já no casamento, aprenda que sexo está diretamente ligado

à apresentação. Andar sempre bem cuidado, com muita higiene, bem arrumado e vestido adequadamente faz muita diferença.

OLHAR ORIENTADO

Independentemente do que vamos falar, de como estamos nos sentindo, dos nossos receios para com a pessoa em contato, se não for com um propósito diferente, sempre olhamos olho a olho com os nossos interlocutores.

Como falamos anteriormente, o seu olhar deve ser muito seguro. A validade ou não dos seus comportamentos e falas devem ser analisada anteriormente. No momento em que você se dispõe a expressá-los, capriche.

É comum em situações de conflito o outro pedir para você falar olhando nos seus olhos. Preste atenção: se você voltar-se apenas olhando, por mais verídico que sejam os seus argumentos, naturalmente sob a condição de pressão, aparentará falsidade.

Tudo o que for expressar: uma ordem para um filho ou colaborador, um pedido para o cônjuge, uma opinião num grupo social, deverá fazê-lo com um olhar seguro.

Funciona assim:

1. demonstrar insegurança e fuga: movimente-se como se quiser olhar nos seus olhos mas desvie, vacile o olhar: tente olhar e desvie;

2. escancarar falsidade: olhe no conjunto dos olhos dela: pálpebras, cílios, esclera (parte branca) e pupila e ria dissimuladamente;

3. fingir estar demonstrando a verdade, mas com a intenção de gerar a dúvida: olhe no conjunto dos olhos dela: pálpebras, cílios, esclera (parte branca) e fique sério;

4. afirmar com verdade incontestável:

a) primeiramente olhe por uns poucos segundos para um ponto fixo numa direção diferente à pessoa, para um objeto neutro: uma cadeira vazia, um risquinho na parede;

b) projete o seu corpo em direção a ela, já olhando firmemente bem direto na pupila, no centro dos seus olhos; em silêncio, conte três segundos, aproveitando para elaborar e organizar o que vai falar;

c) expresse bem moderadamente, com uma entonação baixa, calma e bem pontuada, bem seguro e tranquilamente sério.

É muito comum identificarmos principalmente esposas que passam a vida reclamando de seus maridos e filhos os seus comportamentos reprováveis dentro de casa. Uma falta de cuidado com a limpeza ou um comportamento de desrespeito: "Já estou cansada de repetir isso!". Enquanto não aprenderem a se comunicar devidamente passarão a vida pelejando sem sucesso.

O olhar é um ingrediente fundamental nesta comunicação. Pratique e melhore.

EDUCADO

Nossa cultura confunde educado com honesto. As pessoas educadas parecem-nos ser mais corretas. Se você trata educadamente uma senhora, ela o tem como uma boa pessoa. Sendo gentil com uma moça, ela já pensa que você é bom.

O nosso papel é sempre ser bastante educados: "por favor", "faço questão", "muito obrigado", "dê-me licença".

Num aeroporto, eu estava no corredor de embarque, em direção ao avião, numa fila desorganizada. Quando à porta da aeronave, um senhor fez menção de entrar junto comigo e ficamos naquele segundo de indecisão quem entrava ou deixava o outro entrar.

Ele acenou me dando passagem e eu recusei colocando uma das minhas mãos nas suas costas, na altura dos ombros, bem levemente, e estendi o outro braço em direção à porta, conduzindo-o num suave empurrãozinho dizendo: "Imagina! Faço questão". Ele me olhou com um sorriso saudável, verdadeiro, impressionado com a gentileza e respondeu firme: "Obrigado".

Por mais experiência de decepções na vida com pessoas enganadoras, aquele senhor formará precipitadamente um bom conceito a meu respeito. Se passar por um mal educado à frente e porventura surgir uma questão do autor de um mau comportamento, ele terá uma hierarquia de suspeitas em que estarei abaixo na lista em relação ao sem-educação.

Um rapaz é educado, e o outro joga a lata de refrigerante vazia no chão. Um é prestativo em ajudar uma senhora a subir num coletivo, num lotação, enquanto o outro entra empurrando. Um aguarda pacientemente a sua vez numa fila, fazendo questão de dar lugar para os usuários com atendimento preferencial; outro se finge de bobo e corta a fila. Quem nestas duplas será visto como primeiro suspeito numa situação em que estejam envolvidos com um problema?

No fundo, não temos garantia nenhuma de que o educado é mais honesto. Propriamente não tem nada a ver. O que foi gentil e prestativo pode ser mais agressivo do que o apressado ou desatento. Mas, na prática, confundimos educação com honestidade.

Importante é tirarmos a lição muito básica. Vamos ser sempre educados, não para termos crédito e camuflar os nossos maus comportamentos; apenas para que as pessoas em nossos contatos façam bons conceitos a nosso respeito e se tornem mais sugestivas à nossa persuasão. Você tem dúvida de que se eu pedisse um favor ao senhor do avião mais adiante ele se esforçaria para me atender?

DECIDIDO

Em persuasão apresentamo-nos bastante decididos, seguros do que falamos e fazemos. A orientação é a de sempre: deve-se analisar antes se é bom ou não tomar a atitude. No momento de dizer ou de agir, vá com tudo. Tem que demonstrar muita decisão e segurança.

Se entre opções apresentou a sua decisão, expresse-a com firmeza, convicto. Não quer dizer que não poderemos voltar atrás na opinião ou desfazer uma atitude. Mesmo assim voltaremos firmes: "mudei de ideia. Não quero mais." Sempre firme, decidido, resolvido.

Não é fácil fazer escolhas. De todas que fazemos diariamente, apenas na minoria, na grande minoria estamos realmente seguros. Nem por isso deixamos de fazê-las. Se é assim, importante é fazer a opção e apostar, acreditar nela. Sempre aparentando muito seguros.

Somos muito atraídos por pessoas decididas, o que apresenta mais um papel para desempenharmos. Se queremos influenciar devemos nos mostrar seguros para servir como referência. Para isso, vale reafirmar que não utilizamos termos que expressem insegurança: "eu acho", "eu penso que", "na minha opinião", "me parece que".

Pense nas decisões como um jogo em que tem os botões, que representam as opções. Se você vai apertar o vermelho, de qualquer forma resolveu que é ele, o que não pode é pressioná-lo fragilmente. "Meta a mão". Vá com tudo. Já que irá optar por ele não seja fraco.

Até para demonstrarmos que não sabemos de algo é diferente. O fraco tem todo um constrangimento em apresentar a falta de informação ou de habilidade. Nós mais desenvolvidos, sem receio, afirmamos a nossa dificuldade e solicitamos ajuda, sem que isso nos diminua. Muitas vezes até ouvimos: "mas não é possível que você não saiba isso!" ou "você!? Logo você não sabe!?". Nem por isso perdemos a categoria e bem tranquilamente confirmamos e pedimos apoio.

NÃO PRECISA ADIVINHAR

O agente da persuasão não tem que adivinhar. Dispõe-se de habilidade social e comunicação para chegar até as pessoas e conversar, questionar, conhecer. Não precisa adivinhar, criar impressões sem fundamentos.

Pelo fato de eu ser psicólogo, é comum chegarem clientes à clínica e pedir para fazer uma leitura da sua personalidade. Quando eu começo a fazer algumas perguntas diretas, respondem sugerindo que eu adivinhe. A minha resposta é certa: para que eu vou adivinhar se você está aqui e pode me falar!? Agora, depois de ouvir tudo o que preciso e analisar sob os padrões de comportamentos, aí sim, terei como apresentar uma leitura para uma orientação, se for o caso.

Tenho observado como funcionam as nossas análises sobre os outros. Faça uma experiência você mesmo. Tenho percebido que a maioria, se não todas, das análises que fazemos das pessoas à nossa volta são erradas. E o pior é que formamos as impressões das pessoas pelas nossas pobres análises e levamos conosco para toda a vida como se fosse a verdade. Se não acontecer uma situação para naturalmente colocarmos à prova teremos como veredicto. Pense, que absurdo!

Em síntese, é você pensar que quase todas as suas impressões da maioria das pessoas com quem convive são erradas. Foram criadas por você mesmo com base na sua própria história de vida, imaginação, "achismo" ou por um comentário já distorcido que porventura ouvira de um terceiro.

É muito fácil tirar prova disso. Daqui a pouco você deixará a leitura deste livro e voltará para o seu ambiente social, para os seus contatos pessoais. Espere passar alguém, espere naturalmente você fazer as suas pobres análises e crie uma situação de oportunidade para conhecer melhor a pessoa. Verá que será muito diferente das suas análises.

A primeira vez que atentei para esta causa foi quando um rapaz, com um uniforme e um crachá, entrou numa loja de conveniência de um posto de gasolina onde eu estava fazendo um lanche.

Ele passeou, passeou... foi numa gândola, escolheu um pacote de biscoitos recheados, acenou para o vendedor e perguntou o preço. "Dois reais". O rapaz tomou um susto e não escondeu a expressão de discórdia: -"dois reais!!!". Devolveu à prateleira e saiu. Observei-o rodar a loja e entrar num carro que o caracterizava como representante comercial.

Num primeiro momento já pensei contrariado com aquele rapaz. O sujeito entra numa loja de conveniência e quer encontrar um pacote de biscoito recheado, de marca bastante reconhecida no mercado, por menos de dois reais!? Para o tipo do comércio está até barato. Na rua ao lado tinha uma mercearia que era vista da porta da loja. Por que não escolhera comprar lá!? Com certeza mais em conta.

As nossas análises são sempre pobres assim. Mesmo nós que trabalhamos com padrões de comportamentos e temos experiência e técnicas para diagnosticar alguns perfis, erramos sempre que vamos tentar tirar conclusões com pouca informação de causa.

No caso do rapaz na loja de conveniência, o que acontece é que ele recebe da sua empresa um determinado ticket-alimentação que é conveniado com estabelecimentos específicos, na maioria dos casos de valores mais caros, incoerentemente com o valor total da sua diária.

É claro que numa próxima situação já terei esta experiência como uma hipótese a mais. Mesmo assim pode haver muitas possibilidades. Não é papel nosso adivinhar.

Com os estudos e experiências vamos aperfeiçoando as leituras dos padrões culturais de comportamentos, que é diferente de ficar adivinhando as coisas do nada.

Tenho uma colega que gosta quando, num lugar público de muito movimento, eu brinco de antecipar os comportamentos das pessoas. Isso é coisa de brincar...!!!?? Que feio! Mas, brincamos.

Num shopping há um colégio, e o intervalo dos alunos é no espaço comum da praça de alimentação, o que faz com que em determinados horários se encontram os estudantes lanchando aos "bandos".

É lugar preferido de brincarmos. Para alguns esteriótipos não precisa ser psicólogo nem especialista para conseguir prever. Um adolescente, com uma expressão tímida, serve o seu almoço sozinho e vem andando para se sentar a uma mesa. Numa opção de trajetória às mesas vagas estão duas turmas de moças conversando e rindo bem desinibidas. É fácil prever que o tímido não passará por ali.

Já atrás deste rapaz vêm três garotos mais descolados: conversando alto no pátio, rindo, com roupas mais destemidas. Imagine se estes não irão tentar uma mesa o mais próximo das meninas!

Naquela caminhada passou uma aluna do mesmo colégio pelo tímido que ia à frente e em seguida pelo grupo dos três jovens. Uma moça bonita, de um corpo bem desenhado pela sua roupa justa. Não precisa ser especialista para antecipar os comportamentos dos rapazes: o tímido abaixou a cabeça, meio que olhando de lado, no sentido contrário à garota. Já o trio fez questão de dar uma paradinha, abrir espaço entre eles para ela passar, acompanhando-a com os olhares nada discretos, e um deles fez um comentário: "O que é isso!? Pelo jeito estamos no meio da passarela!"

Isso não é criar análises ou adivinhações. São padrões comportamentais desenvolvidos pela cultura.

É claro que para nós especialistas, que temos maior sensibilidade com comportamentos humanos, conseguimos ir mais além.

Um rapaz veio ao lado de mais quatro colegas: um garoto e três moças, conversando diretamente com uma das adolescentes. Notava-se por uma observação mais apurada que ele estava se esforçando para demonstrar que estava à vontade. Estava em adaptação. Fato é que estava bastante atento à conversa com a moça e era nítida a sua preocupação com o meio para não cometer nenhuma mancada ou falha.

Acompanhou a moça se dirigir para uma mesa, esperou-a escolher um assento para ocupar a cadeira ao seu lado. Olhou para o banco da cadeira antes de se sentar conferindo se havia sujeira, tentando sempre manter a atenção na moça.

Resumindo: após ele servir o refrigerante para a sua colega e para si próprio pode saber que ele, olhando atento para ela, ficará com o refrigerante na mão por alguns segundos até ela concluir sua parte da fala; olhará com cuidado um espaço na mesa para colocar o Pet, pegará a tampa da garrafa, esperará que ela conclua mais uma parte da fala, olhará primeiro para a garrafa e aí, sim, se inclinará para colocar a tampa. Com apenas uma mão?! Claro que não! Levantar-se-á um pouco para ter firmeza e com as duas mãos fechará a garrafa de refrigerante.

Isso são padrões comportamentais desenvolvidos cultural-mente. É tanto que para pessoas mais próximas do nosso convívio, temos facilidade para prever os seus comportamentos. Nesta perspectiva, os nossos maiores amigos e familiares são "vítimas" mais fáceis para nossa persuasão. Por outro lado, o que dificulta e os torna grandes desafios de influência é por termos maior dificuldade em controlar as nossas emoções junto a eles. Na maioria das vezes, mesmo que os conheçamos bem e saibamos como fazer para influenciá-los, perdemos por não conseguirmos controlar os nossos próprios sentimentos para com eles, principalmente em situações de conflito.

Com as mudanças culturais, os padrões comportamentais naturalmente são alterados. Um exemplo simples: há alguns anos, numa cena de um jornal aberto sobre um sofá de uma sala vazia de uma casa de família, podia-se afirmar com segurança que o marido, o homem da casa, estivera ali lendo-o. Já nos nossos dias, não dá mais para confirmar esta visão. Já é normal encontrar-mos mulheres com comportamentos como este, de se assentar numa poltrona para leitura, inclusive de jornais e revistas.

Vamos a mais uma explanação técnica para nos fundamen-tarmos.

A Formação Humana

Prevemos um comportamento de uma pessoa não por adivinhação do futuro. É pelo passado, por atitudes já demonstradas em situações passadas que teremos condições de ter uma probabilidade aumentada do que a pessoa fará em uma situação correlata.

Isso quer dizer que, quanto mais conhecermos a pessoa, mais facilmente poderemos prever as suas ações. Eu conheço muito bem os meus irmãos e devo acertar muito dos seus comportamentos em possíveis ocasiões. Se chegarem para mim com relatos deles sobre situações que eu não presenciei, pelo menos terei uma boa percepção da probabilidade de ter acontecido ou não.

Em poucas sessões de um cliente na clínica já tenho uma base para conhecer a estrutura dos seus principais padrões de comportamentos. Com a experiência, sabemos até como se desenvolve o aperfeiçoamento de uma habilidade pessoal. Isso nos dá base para identificar a mentira do cliente quando fala dos seus avanços, saltando fases tecnicamente indispensáveis num aprimoramento de tal habilidade.

Sendo práticos, uma pessoa tímida em tratamento deverá passar por fases muito bem definidas em seu tratamento. A nossa cultura cuida disso. Chega ao ponto de não ter como saltar etapas. Isso me dá segurança ao analisar os relatos do tímido.

A cultura

A formação do ser humano é constituída basicamente de três áreas do seu desenvolvimento, a saber, filogênese, ontogênese e cultura. Este terceiro ponto da formação humana, na prática, é o que mais nos interessa.

Apenas a título de informação, filogênese diz respeito ao desenvolvimento do ser humano, da raça humana [ignorando o sentido biológico do termo "raça"], características que nós humanos apresentamos diferentes dos outros seres vivos, tudo que adquirimos no desenvolvimento dos nossos organismos comum à raça humana, que nos diferencia dos outros animais.

Já ontogênese vai tratar do desenvolvimento da formação orgânica do ser, do indivíduo especificamente, das minhas características que não dizem respeito a toda raça humana. Por exemplo, tenho uma deficiência em identificar algumas tonalidades de cores. Isso é decorrente da formação do meu organismo. Provavelmente você não tem essa dificuldade. Diz respeito à minha formação, independentemente de determinantes culturais, de influência social.

Desde a gravidez o ser começa a receber na sua formação as influências da cultura que herdará, nos hábitos alimentares e de vigília da sua mãe, nos níveis de tensão orgânica e com o relógio biológico da gestante e, inclusive, nos tratamentos médicos a que ela se submeter.

Quando nasce, o processo se acelera. A cultura, a partir das predisposições filogenéticas e ontogenéticas, terá influência direta na personalidade do indivíduo. Desde os primeiros contatos com os seus cuidadores até as relações institucionais: educacionais, sociais e religiosas, o ser humano será exposto às mais variadas situações e estímulos, construindo como uma colcha de retalhos a sua personalidade.

Assim, as características pessoais do indivíduo são iguais à soma das predisposições filogenéticas e ontogenéticas com a cultura. Tudo isso será expresso nas condições culturais. Vamos para a prática.

Uma mulher que teve pais excessivamente autoritários e que se casou muito cedo é suspeita de ter-se apropriado do casamento como fuga da rigidez da educação paterna. Irmão mais velho, com pai excessivamente autoritário, gera adulto inseguro. Obviamente que não se deve observar essas causas isoladamente. É o conjunto das demais características concordando com estas que indicará as respectivas hipóteses.

Uma prática avançada das análises desses padrões culturais de comportamentos está bem expressa nas entrevistas de seleção profissional em que nós psicólogos, através de perguntas, buscamos fazer uma leitura do candidato, levantando o seu perfil profissiográfico.

Entrevista Profissional

É importante entender que o processo é dinâmico. Tem-se o roteiro, mas a conversa será direcionada pelo estado do candidato, o momento e a experiência do entrevistador.

Ofereci um curso para empresários em que um dos módulos era Recursos Humanos. Antes do conteúdo Seleção Profissional propus uma prática em que cada um deveria voltar para a sua empresa e criar uma situação de entrevista profissional em que se faria de avaliador. No retorno, um dos empresários chegou bastante empolgado por ter conseguido pressionar o candidato a ponto de este ficar nervoso para dar as respostas.

Totalmente errada a postura deste empresário: o entrevistador, como já abordamos, para conseguir os relatos autênticos do candidato, deverá se apresentar apenas como um ouvinte passivo, deixando o entrevistado tranquilo para as respostas. A busca é por uma fala autêntica. Neste foco, a experiência e postura do avaliador são essenciais.

Vamos dividir as condições culturais em quatro pilares: pessoal, familiar, social e profissional. O candidato, assim como qualquer um de nós, terá maior facilidade para expressar a sua vida profissional e, por último, a pessoal. Inclusive ele se apresenta para entrevista até acreditando que é obrigado a falar das suas experiências profissionais. E dependendo da situação, apresenta receios de expressar suas questões pessoais.

O desafio do entrevistador é alcançar as áreas mais íntimas, a pessoal e familiar, de forma bastante natural e imparcial, sem gerar receios, resistências, pressões no indivíduo. Tudo de que o psicólogo precisa é chegar às características reais do entrevistado. Se não souber tratá-lo, comprometerá as genuínas expressões do avaliado.

Para elaborarmos questões que possibilitem coletar as informações essenciais em cada ponto, dividimos em quatro pilares e com três focos de análises em cada área.

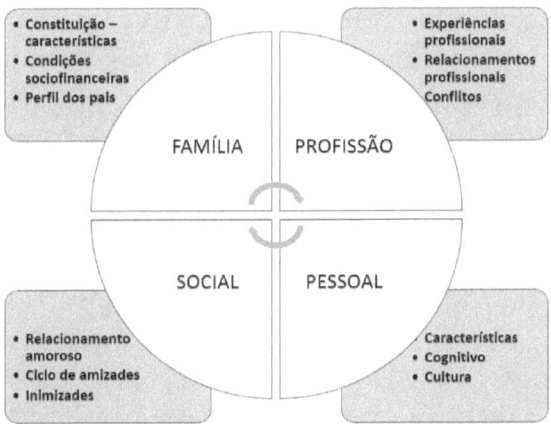

Quanto maior a experiência do entrevistador melhor será a interação com o entrevistado e menos pragmático o desenrolar da entrevista. O bom psicólogo irá levar um "papo" tranquilo com o candidato sem estar preso ao questionário, mas mentalmente sob direção desta ferramenta. Tem que se aparentar natural, mas no fundo deve seguir o método, senão perderá o objetivo de traçar um diagnóstico do avaliado buscando visualizá-lo no cargo a ser ocupado na empresa.

Utilizamos essa mesma ferramenta nas entrevistas para evolução de carreira e para avaliação de desempenho numa empresa.

Eis um exemplo em que os padrões culturais são indispensáveis. São por eles que conseguimos traçar um prognóstico de um profissional num novo emprego, identificar as farsas do cliente na clínica psicológica, avaliar um aluno problemático num colégio e com mais treino - por que não? - entender melhor as pessoas em nossos grupos sociais.

Vale muito nos esforçarmos para todo este amadurecimento, todo este desenvolvimento pessoal que estamos apresentando nestas páginas. Além de nos proporcionar condições de viver melhor, serve-nos para lidar com os outros.

Recebi uma universitária do curso de Administração numa primeira sessão de um treinamento individual de oratória, que ofereço a pessoas interessadas em níveis mais avançados de falar em público e persuasão. Geralmente, quem procura esse tipo de aperfeiçoamento são profissionais das áreas do Direito e da Comunicação e políticos.

Fato é que estava ali uma estudante universitária de Administração que buscara o desenvolvimento para melhorar seu desempenho em reuniões empresariais e em palestras. O mais interessante é que, logo de início, ela comentou que estivera em uma apresentação que eu ofereci sobre oratória na sua Universidade e queria que eu a treinasse para me superar: "Se você consegue, eu também. Quero que me treine para eu ser melhor do que você."

Audaciosa ela! E que desafio para mim: treinar alguém para ser melhor do que você numa habilidade de destaque que detenho. Serve de modelo para a nossa autoconfiança.

Sobre a estudante, três meses depois já me substituía em alguns cursos e treinamentos mais simples. Depois que concluiu o seu curso de Administração, conseguiu uma vaga numa boa empresa. Saiu-se muito bem com oratória. A sua autoconfiança desafiadora foi determinante, somada ao esforço com treinamentos: muito dedicada, não faltava às sessões, além de treinar bastante em casa.

Exemplo de uma pessoa a que eu assisti passar para o time dos mais desenvolvidos pessoalmente. Enquanto os seus colegas de faculdade estavam preocupados com os seminários nas disciplinas da academia, ela estava treinando outros estudantes, empresários, profissionais liberais. Seminário, o grande temor do seu principal grupo social, os seus colegas universitários, se tornara simples para ela, inclusive a própria apresentação da sua monografia de final de curso.

É estar acima do nível dos demais, acima da média, da mediocridade. Agora é a sua vez. Vale a pena!

NÃO EXPRESSA AS ESTRATÉGIAS

O grande desafio é conseguir persuadir e suportar a vontade do ego de expressar que foi arquitetado, que alcançou o seu objetivo.

Atendi um senhor que estava com muita dúvida sobre uma nova proposta de emprego numa outra cidade e teria que mudar com toda a sua família, abrindo mão do emprego atual. Estava nítido que ele não teria coragem. Mas tinha vontade de ter coragem, apenas vontade, o que é muito diferente de coragem.

A forma mais simples de resolver a indecisão do senhor sobre ir ou não para o novo emprego numa outra cidade era já colocá-lo na situação de ir, mesmo sabendo que ele não teria capacidade para tamanha decisão.

Tratei-o como se não tivesse opção. Não poderia abrir mão dessa chance. E trabalhei a partir daí como já se organizando para ir. Como irá fazer com a sua casa: irá vender ou alugar? E já viu onde irá morar lá? Que dia irá? E a sua família irá já ou depois de você melhor instalado?

Na sessão seguinte ele chegou como se não tivesse acatado a minha opinião, como que me pedindo desculpas por não ter dado conta de ir. Mas queria-me falar que preferira ficar e continuar com o seu emprego na mesma cidade, que estava certo disso e não precisava mais tratar desse assunto.

Para ele, eu perdi; contrariou-me. E para completar a estratégia tive que assumir aquele papel de contrariado, com maturidade, afirmando, agora sim, a decisão dele, de permanecer na mesma cidade e emprego. Neste momento, o dono da persuasão deve ficar tranquilo e aceitar o papel. No fundo, o que interessa não é saberem que você planejou ou não, o Importante é dar certo o que você quer, e ponto final.

No início é muito difícil. Queremos deixar claro que estamos controlando, principalmente quando o outro se apresenta dissimulando ou mentindo. A nossa vontade é de desmascarar, demonstrar que não pode nos enganar: "Eu sei que você está sendo falso comigo".

Num processo de seleção profissional, atendi uma jovem

que estava se mudando de cidade e procurando uma vaga de emprego. Dentre outras perguntas, questionei-a sobre o fato de abrir mão de um bom emprego para se mudar para uma cidade desconhecida sem perspectiva. Ela respondeu-me que havia uma amiga que a convidara para se mudar, dizendo que as possibilidades na nova cidade seriam melhores.

Em síntese, hoje eu aceitaria a afirmação da candidata e a trataria como se fosse pelo motivo do convite da amiga. Mas, na ocasião, mesmo com pouca informação que me passara, apresentei um resumo da possível história de vida dela: as dificuldades de se manter nos empregos por períodos maiores de tempo, sua mistura do profissional com a sua vida sentimental, pela confusão dos seus namoros e a fuga da casa de seus pais.

A princípio ela negou. Reafirmei que eu estava certo: "Não erro este tipo de diagnóstico". Ela se emocionou e chorou. Aproveitei para orientá-la. Agora, depois de quatro anos, quando fui pedir a ela autorização para esta citação, constatei que ela continua no mesmo emprego, morando em sua casa com a família e fazendo faculdade na sua própria cidade.

Se não for num caso específico de um ambiente psicológico em que já esteja bem avançada a relação terapêutica com cliente, na maioria das vezes, por mais que sejam verdadeiras as suas afirmações sobre si, esta sairá resistente. Eu não deveria ter-me arriscado tanto nessa situação.

Importante é desenvolver maturidade o suficiente para dar conta de persuadir as pessoas sem precisar expor esta habilidade, sem precisar mostrar que conseguiu alcançar o objetivo.

Se um cliente chega a mim na clínica, hoje, depois de muito esforço para desenvolver esta maturidade, tratarei a sua demanda pelo que me apresenta. Não preciso desmascará-lo. Aceito a sua apresentação como se eu acreditasse nos seus relatos e o trato pelo que sei que é verdadeiro.

Se uma esposa chega reclamando do seu marido, jogando nele a culpa do desastre no casamento, trato como se ela realmente fosse a vítima, mesmo se eu identificar que é o contrário, pensando apenas comigo: "Coitado desse marido". O que me interessa é o resultado de uma nova esposa.

Nesses tratamentos tentamos de forma simples trazer à consciência das suas próprias dificuldades a esposa. Se vemos que não dará certo, que ela se apresentará resistente e necessitará de muito desgaste e esforço; aceitamos a esposa como vítima e atribuímos a ela a responsabilidade de ser a madura da história, já que ela que está no nível da consciência: "Sei que seu marido é o culpado. E já que ele não tem condições de chegar a um nível de compreensão que nós dois estamos tendo, caberá a você a responsabilidade de consertar tudo. Você terá que ser a madura da história."

As pessoas não mais terão acesso ao que sabemos, ao que percebemos. Não mais saberão ler os nossos comportamentos. Não terão nem noção de quando estamos errando por impotência e por distração ou quando se trata de mais uma estratégia.

Erraremos e reconheceremos os erros. Acertaremos e reafirmaremos. Discutiremos argumentos. Cederemos muitas vezes, não aceitaremos em outras. Ouviremos as suas verdades e mentiras e não mais saberão se acreditamos ou se identificamos as farsas.

Se discutirmos até alterando o tom de voz ou se chorarmos, não identificarão qual é o nosso objetivo real. E não nos interessa que saibam. Pelo contrário, importante é que sentem, pensem e se comportem como queremos, de preferência sem saber o que queremos. É mais fácil alcançarmos assim, além de menos desgastante.

Vamos para a prática. A partir de hoje, tenha mais uma regra básica: eu não irei mais dizer para as pessoas que eu quero influenciá-las e não mais desmentirei a ninguém, a não ser para uma estratégia para a própria persuasão ou que a situação exija.

No momento em que você colocar essa regra em prática, mais pessoas serão sugestivas a você sem que nem percebam, que nem tenham ideia. Pensarão ter razão diante de você e muitas acreditarão tê-lo enganado.

O mais importante é estar numa condição acima das pessoas, que não mais terão nem noção do seu nível de compreensão dos eventos e das coisas.

Realmente o maior desafio é o nosso ego, perturbando-nos para mostrar o troféu de quem persuadiu. Nós vencemos o ego.

Prezado leitor,

Até aqui apresentamos uma leitura relativamente tranquila, passiva, sem muita exposição de conteúdos mais fortes sobre persuasão. Já oferecemos um material satisfatório para o seu desenvolvimento pessoal e uma boa introdução ao desempenho nas relações de influenciar as pessoas. Com certeza terá muito o que trabalhar e colocar em prática.

A partir daqui, apresentaremos o tema de forma mais agressiva, mais avançada na proposta de influenciar as pessoas condicionando-as à nossa persuasão.

Não é indispensável a leitura dos próximos capítulos. Pelo contrário. Prossiga neste livro apenas se estiver num nível tranquilo com o que já apresentamos. Percebendo-se resistente e inquieto com algo abordado, o melhor é não continuar. Estude, aprofunde, observe por alguns dias no seu cotidiano. Busque amadurecer o tema. E só então, vendo-se mais preparado, volte à leitura.

Por outro lado, se conseguiu acompanhar e se adaptar ao conteúdo apresentado, se está tudo bem assimilado, com maturidade, sentindo vontade de ir além, com aquele sentimento de "quero mais", então se prepare, e vamos em frente.

Está pronto!? Então, venha comigo!

CAPÍTULO III – ENFRAQUECENDO O ADVERSÁRIO

A principal ferramenta para desestruturarmos as nossas "vítimas" da persuasão é tocar no ponto fraco: a triste necessidade de afirmação social que a nossa cultura nos impõe.

I.   AUTOAFIRMAÇÃO

Autoafirmação é a necessidade de afirmação social. É a carência do reconhecimento das pessoas à nossa volta por não sermos resolvidos psicossocialmente. Somos extremamente carentes e necessitados de afirmação. É o que todos os seres humanos buscam em todas as raças e culturas, do mais novo ao mais velho, em todos os níveis sociais.

O nosso maior problema cultural é resumido no medo de rejeição. É o pior sentimento. Para grupos tão sociais como somos nós seres humanos é muito forte a questão da cultura que nos condena a viver numa insuportável necessidade de afirmação social.

Grave isto: todo mundo busca, acima de tudo, afirmação social e oferece tudo o que tem para não ser rejeitado. Tudo mesmo.

Nós seres humanos temos a "falta" inerente à nossa constituição. Não existe ninguém satisfeito plenamente. Nunca! É impossível neste mundo alcançarmos o lugar da plenitude. E a "linguagem", que é o grande diferencial nosso em relação aos demais seres vivos, complica ainda mais. É essa capacidade mais elaborada de comunicação que transforma a nossa carência natural em subjetividade. Ou seja, as necessidades existenciais que outras raças animais buscam satisfazer em condições básicas de alimentação, saúde e reprodução, nós promovemos a níveis culturais avançados, transformando em prestígio, fama, poder, troféus, nos mais diversos tipos de reconhecimentos socioculturais.

Acontece que, quando nos sentimos rejeitados, aumenta o nosso esforço por autodefesa. Isso provocará reações diferentes em cada pessoa: ou causa resistência e reação de agressividade ou causa introspecção. Agirá fora do seu equilíbrio. Não é bom. A persuasão de verdade faz-se quando a "vítima" se sente bem, tranquilamente equilibrada, em sua melhor condição emocional, pensando, sentindo e agindo como o persuasor quer.

Então vamos oferecer-lhe afirmação. Vamos dar-lhe a sensação de reconhecimento, de promoção psicossocial, ao mesmo tempo que nos apresentaremos fortes, equilibrados e autocontrolados, para não nos sujeitarmos a condições pobres de carência de afirmação social.

ANALISANDO A AUTOAFIRMAÇÃO DA "VÍTIMA"

Temos que identificar como se desenrola a autoafirmação na pessoa que queremos influenciar, quais são as suas "faltas" mais fortes e o que determina as suas principais necessidades sociais.

São duas as perspectivas em que devemos analisar:

1. Qual a afirmação que ela busca?

2. O que ela tem oferecido para alcançá-la?

Cada indivíduo aposta em algum perfil ou característica para oferecer pelo reconhecimento social. Encontram-se as mais variadas ofertas. Uma moça acredita no seu corpo e sustenta nele a aposta pela afirmação. Um rapaz acredita na sua seriedade como moeda para comprar a afirmação. O outro já é todo pragmático. Há também as mais aparecidas que acreditam, que chamando a atenção, conseguirão se afirmar. O tímido faz o tipo reservado. O mais informado dá uma de inteligente e quer explicar eventos. O adolescente se apresenta contestador. Uma funcionária se faz de vítima, e um namorado, nervoso.

Quando se trata de uma pessoa que você conhece, basta uma simples observação para identificar o seu perfil de carência social. Ao contrário, quando é um indivíduo com quem teve pouco contato, ainda mais se for um desconhecido, exigirá uma análise melhor elaborada. O importante é identificar um aspecto pelo qual poderá promover a "vítima" socialmente para torná-la aberta, sugestiva à sua persuasão.

Vou citar uma classe profissional com que tenho mais afinidade pelos treinamentos em oratória.

A formação acadêmica de um profissional do Direito, um

advogado, é responsável por construir uma presa fácil para a persuasão. A academia o produz com uma falsa autoconfiança, pragmático e vaidoso.

1. Falsa autoconfiança

O aluno do Direito, especialmente no início de carreira, é marcado por um falso sentimento de confiança. É claro que para um nível medíocre da população já é uma grande vantagem. Mas, para nós persuasivos, como também os seus próprios colegas advogados mais experientes, tornam-se presas fáceis para a persuasão. Autoconfiança genuína tem que ser fruto de experiência.

2. Pragmatismo

As instruções acadêmicas estimulam no estudante do Direito a busca, com todo esforço, para afirmação da sua tese, da sua convicção, da sua opinião. Isso em um nível de pouca informação, torna-se mais um ponto fraco, porque limita a visão sistêmica dos fatos e possibilidades da verdade. Torna-se frágil na própria necessidade de defender incondicionalmente o seu argumento.

3. Vaidade

É o último ingrediente. Tornam-se altamente carentes de autoafirmação, naturalmente de afirmação social e frágeis pela necessidade absoluta de terem razão e serem reconhecido socialmente.

Com o amadurecimento na profissão, aí sim, a falsa autoconfiança vai se afirmando e dando lugar à confiança genuína em si. Isso é soma de informação com experiência. O pragmatismo dá lugar à reflexão e a vaidade à maturidade. Tornam-se, pelo menos potencialmente, grandes agentes da persuasão.

Para outro exemplo, há o empresário, quando já afirmado como tal, já se apresentando neste papel, que se torna frágil no seu idealismo: alta sensibilidade para perspectivas de crescimento. Se lidarmos com este grupo nos apresentaremos conformemente:

argumentos com aspectos de projeções e desenvolvimentos administrativos e financeiros.

Não é para ser muito complicado. Encontre o que a afirma, o que significa promoção social, elogio, reconhecimento para a "vítima" e satisfaça-a com uma fala de reforço para o seu ego. Importante é não ser falso nem indiscreto.

Tem que ser verdadeiro. Aprenda a gostar de afirmar as pessoas, elogiar, promover as suas atitudes, reconhecer suas profissões. Isso não pode ser pesado, tem que ser natural. Não deve ser forçado e muito menos com ironia. De tudo que trataremos de persuasão, esta é uma das melhores ferramentas.

Deixe o seu orgulho de lado e aprenda a afirmar as pessoas, para que fiquem mais abertas à sua persuasão.

II.   SENTIMENTO DE CULPA

Ao contrário do que parece, utilizar-se de estratégia para causar sentimento de culpa no oponente não é positivo para persuasão. Queremos o oponente na sua mais perfeita condição, bastante autoconfiante, saudável emocionalmente, e, aí sim, pensando, sentindo e fazendo do jeito que desejamos.

O sentimento de culpa, o medo, a angústia causam desequilíbrio emocional no sujeito. E quando a persuasão se faz por esses canais, há uma probabilidade muito grande de, num outro momento, passados esses sentimentos, o sujeito resistir à persuasão, mudar de opinião.

O sentimento de culpa é bem-vindo durante o processo simplesmente para trazer o oponente a uma condição de racionalização, de reflexão, se for interessante para o objetivo final da persuasão.

Uma jovem terminara o seu namoro e estava se mostrando toda contente: bastante empolgada ao contar para as amigas, vendo-se na vantagem em ter tomado a decisão. Se o interesse do persuasivo for reconciliação, é importante tirá-la da emoção e trazê-la para um nível racional. Uma ferramenta é o sentimento de culpa, não para ser o último estado, apenas para racionalização, para trazê-la a um equilíbrio e possibilitar uma reflexão melhor sobre o término.

Nesse exemplo, para estimular o sentimento de culpa na garota, basta apresentar o seu ex-namorado como vítima, fazendo-a vê-lo com mais empatia, mesmo que através de pressupostos: "provavelmente ele...". Outra opção é naturalmente apontá-la como injusta, muito dura. Independentemente de a moça concordar ou não, apenas o fato de fazê-la pensar a respeito já a traz para um nível mais racional e possibilita uma conversa fora do emocional.

O sentimento de culpa deve ser estimulado em níveis superficiais para evitar posteriormente sintomas mais fortes. A intenção é apenas estimular o nível racional e não traumatizar a pessoa fazendo-a sentir-se fracassada emocionalmente.

Em síntese: apenas estimule o sentimento de culpa superficialmente e invista, sim, na análise racional, neste caso, sobre o relacionamento do namoro.

III. PRODUZIR NA "VÍTIMA" AS CONDIÇÕES EMOCIONAIS DESEJADAS

Antes de partir para o ataque, para a estratégia principal da persuasão, terá que preparar a "vítima". Ela terá que estar nas condições emocional, afetiva e cognitiva ideais na relação com você.

- Se a proposta for trabalhar uma causa racional, e a pessoa está com o emocional abalado, nervosa, pode recuar que não dará certo. O temperamento dela não contribuirá para a persuasão.
- Se desejar que a pessoa esteja do seu lado, identificando-se com você, é fundamental trabalhar a afetividade antes de tentar convencê-la.
- Querendo que a pessoa o tenha como forte, corajoso e está se apresentando a você com pena, dó, não dará certo.

A "vítima" da nossa persuasão deverá estar com a predisposição ideal.

Um marido começou a discutir com a sua esposa e logo percebeu que estava tentando apresentar com lógica os seus raciocínios, enquanto ela respondia sem muito esforço para refletir.

Ele explicava a ela que não daria certo irem ao evento para o qual foram convidados por não terem providenciado trajes a rigor conforme indicava o convite. Ela simplesmente respondia: "Não tem nada a ver isso. Colocam no convite, mas ninguém cumpre." Ele insistia dizendo que se tratava de uma cerimônia anual, tradicional na cidade, em que realmente, nos anos anteriores, o que se via era as pessoas entrando no recinto todas muito bem trajadas.

Ela insistia repetidamente dizendo: "Não tem isso não. Isso é frescura." Enquanto ele tentava discutir num nível real de análise, se o traje era indispensável, ela simplesmente se fazia irracional e continuava com a ideia sem fundamento de que não deveriam se preocupar.

Quando o esposo percebeu que a sua mulher não estava raciocinando, deveria parar de insistir na discussão. Não adiantavam em nada os seus argumentos. Primeiramente teria que causar um estado mais racional nela para, aí sim, apresentar argumentos lógicos.

Vamos separar três níveis de condição da "vítima": desatenção, emocional e racional.

1. Desatenção

A pessoa simplesmente não está atenta, não está fazendo questão da situação de interação ou de discussão. Está respondendo mecanicamente ou até ignorando a comunicação.

A adolescente insiste em tentar convencer a sua mãe a deixá-la ir ao clube com as amigas no final de semana. Explica quem vai, como irão e o tempo que ficarão lá. Mas a sua mãe está envolvida com a cortina nova que acabara de comprar para a sala de visitas da sua casa e não está nem prestando atenção às argumentações da garota, apenas respondia mecanicamente: "Não, filha. Não mexa com isso não."

Existe uma cena cômica utilizada até em propagandas televisivas que também ilustra esse tópico:

> O marido está na mesa de jantar lendo um jornal enquanto a sua esposa toma o seu café da manhã. Por alguns instantes a mulher está contando um caso ocorrido com uma das suas vizinhas. O homem oferece reafirmações, *feedbacks*: "Sei... hunhum... foi mesmo, bem!?..." De repente ela para de falar, fica calada, olhando para ele. O esposo continua: "Que isso!... foi mesmo!?... hunhum...". Ela o reclama: "Você nem está prestando atenção no que estou falando!"

2. Emocional

As respostas são em nível de sentimentos. Não estão diretamente ligadas às razões envolvidas.

- Logo após uma conversa de término sofrido de um namoro, a ex-namorada está bastante chorosa e a sua irmã vai tentar confortá-la. A garota está emocionada, extremamente sentimental.
- Uma opinião de um participante de um grupo comunitário, numa de suas reuniões: independentemente da razão apresentada, muitos já respondem antecipadamente que a sugestão não dará certo. Estão controlados pelos sentimentos dos vínculos já estabelecidos no grupo de contestação para com aquele componente do grupo.
- Em um atendimento numa repartição de uma prefeitura, onde havia uma fila, um senhor que esperava insistia em reclamar em boa voz a lentidão dos atendentes.

Quando chegou a sua vez, por mais que ele explicasse as suas dificuldades e necessidades, a atendente dizia que não poderia fazer o que ele pedia. Estava acima da sua alçada e provavelmente os coordenadores do setor não permitiriam, não adiantaria nem tentar. Ela estava sob controle dos sentimentos de raiva para com o senhor pelas reclamações anteriores, mesmo tentando dissimular.

- Um rapaz não apareceu ao encontro com a sua namorada e não fez contato para avisá-la. Apenas no dia seguinte apareceu para justificar. Ela estava bastante chateada.

Em todos esses exemplos não adiantam discussões em níveis racionais, apresentando as razões, a lógica. Os participantes estão com os sentimentos sensibilizados, ou seja, agindo emocionalmente.

3. Racional

As questões são tratadas valorizando-se a lógica dos raciocínios e fatos. A interação se faz numa melhor relação de eventos e argumentos.

- A conversa com um gerente de um banco sobre os procedimentos para um empréstimo, com a discussão do valor ideal e disponível para o recurso.
- Um casal discutindo as suas condições para comprar um carro, com quanto cada um poderá contribuir, fazendo as contas e planos.

Percebe-se que as condições racionais são mais difíceis. Mesmo nesses exemplos é cabível pensar que, por um mínimo de descuido, estas mesmas situações poderão cair num nível emocional. É a tendência da nossa cultura social.

Em persuasão, mantemo-nos firmes na perspectiva racional em nossas percepções, mesmo que nos apresentemos emocionais para o outro. Ou seja, como na maioria das vezes iremos encontrar as pessoas com os seus sentimentos emocionais abalados, no que não adiantará muito tentarmos ser racionais, teremos, sim, que influenciá-las, apresentando-nos também sentimentais.

Vale, num primeiro momento, tentar trazer a "vítima" da persuasão para um nível racional. Mas não insista. Não conseguindo, deverá persuadi-la na condição emocional mesmo. Nunca na desatenção: desista da conversa e tente em outro momento.

CAPÍTULO IV - XEQUE-MATE: A PERSUASÃO EM TRÊS TÓPICOS

Depois de trabalhar as suas concepções e apresentar o perfil de uma pessoa bem desenvolvida psicossocialmente, no capítulo anterior iniciamos a parte da persuasão propriamente dita, falando dos pontos propícios para aumentar a sugestividade das potenciais "vítimas" à nossa persuasão.

A partir de agora entraremos diretamente no clímax do nosso livro, sem preconceitos, resistências, bastante maduros e conscientes da nossa proposta: influenciar pessoas para proteger a nós e aos nossos e para ajudá-las a desempenhar melhor os seus papéis sociais.

Até aqui foram 11 anos de estudos e práticas sobre o tema persuasão e finalmente alcançamos o nosso objetivo: apresentar este tema de uma forma simples, direta e prática, aprendendo a influenciar as pessoas em apenas três tópicos didáticos.

Não podemos nos esquecer de que estamos num jogo. Os objetivos são bem claros:

1. não nos deixarmos ser manipulados;
2. influenciar a todos à nossa volta com longanimidade.

Isso não quer dizer ganhar todas as discussões. Para ser sincero, por incrível que pareça, na maioria das vezes é mais fácil persuadir perdendo a discussão, principalmente porque o melhor é influenciar uma pessoa deixando-a na melhor condição emocional possível. Diminuirá a possibilidade de a "vítima" voltar atrás depois.

Ou seja, se a pessoa tem razão numa situação, o que ela nos apresenta é realmente o que também entendemos como correto ou de interesse, não vamos complicar. É só concordar com ela, até promovendo-a como a certa. Fechou.

O entendimento fundamental é que persuasão vai muito além de uma conversa, uma discussão. Estamos disputando quem irá controlar os comportamentos do outro.

As nossas potenciais "vítimas" se dividem basicamente em três grupos: amigos, conhecidos e desconhecidos.

1. Amigos

Trata-se de familiares, parentes, colegas de trabalho, companhias amorosas e amigos propriamente ditos.

Para este grupo, o que falamos influencia muito pouco nos resultados da persuasão. Talvez no breve momento da conversa até gere um resultado pontual, mas, não pesa nas mudanças comportamentais desejadas.

O mais importante são os nossos comportamentos para com eles. Por isso os cônjuges passam a vida discutindo e não conseguem muito avanço. O patrão passa o ano reclamando de seu funcionário e em pouco tempo o colaborar volta a agir errado. Os namorados combinam, começam cumprindo, dura pouco tempo... terão que voltar a discutir o mesmo assunto.

Uma moça aconselhou uma amiga. Parecia que entendera, concordara e que desta vez iria dar certo: a amiga irá fazer da forma melhor. Que nada! Logo voltam à mesma condição.

O que falamos, apenas o falar, não afeta muito as pessoas mais próximas. O que determinará as nossas influências serão os nossos jogos de comportamentos para com elas.

2. Conhecidos

Refere-se a pessoas apenas de pouco contato. Um atendente de uma loja ou uma repartição pública em que, de vez em quando, é o seu atendente; um amigo de um parente com quem não tem muito contato; um colega da mesma empresa, mas que trabalha num escritório em outra cidade e se encontram somente em reuniões anuais e datas comemorativas.

De uma forma geral, diz respeito a pessoas que têm um contato, por menor que seja, mas, que não gera um vínculo, uma relação de interação social permanente.

Neste caso do conhecido, o mais importante para o persuadir é numa ordem gradativa:

a) o seu perfil apresentado pelo grupo ou pela pessoa que causa o contato entre vocês, como você é reconhecido dentro da empresa ou como a pessoa de comum conhecimento entre vocês apresentou-o ao tal conhecido.

Num caso como um conhecido de um atendimento de um estabelecimento, o que determinará é o seu perfil como cliente ou consumidor: os produtos ou serviços adquiridos, o histórico de pagamento;

b)   a sua imagem: apresentabilidade, postura corporal, assertividade, educação, segurança, nos poucos momentos de encontro;

c)   a sua fala: assunto, argumentação e entonação.

Para com os conhecidos, desses três itens fundamentais, ainda cabe um destaque para o "a": o seu perfil apresentado pelas referências comuns entre vocês.

3. Desconhecidos

Pessoas com as quais está tendo o primeiro ou segundo contato. Não existe conhecimento prévio formado de quem você seja. Praticamente não existe um histórico de contatos anteriores entre vocês.

Neste caso, o mais importante será a sua imagem e fala, como explicado no ponto anterior:

a)   a sua imagem: apresentabilidade, postura corporal, assertividade, educação, segurança, nos poucos momentos de encontro;

b)   a sua fala: assunto, argumentação e entonação.

Em síntese, com amigos a fala pouco interessa; com conhecidos, o que mais vale é a impressão que você tem passado pelas referências das instituições, grupos e pessoas de comum contato; com desconhecidos, o mais importante é a imagem apresentada, de posturas corporais à fala.

O mais comum é o erro de insistirmos em influenciar amigos apenas com foco em nossas falas, ignorando as observações sobre os nossos conjuntos de comportamentos. Não se limite a entender o nosso desafio de persuasão pelas simples discussões. Por trás está todo o jogo de ações, percepções, sentimentos e pensamentos, que resumimos em comportamentos.

Vamos aprofundar, entrando nos três tópicos que resumem a persuasão.

I. CONTROLANDO O FOCO DA ATENÇÃO DA "VÍTIMA"

O primeiro princípio é a atenção da "vítima", o que está controlando a sua percepção, em que está com o foco.

Vamos distinguir dois focos de atenção: externo e interno.

1. Foco em eventos externos

É quando a nossa "vítima" se encontra com a atenção externalizada, voltada para o ambiente ao seu redor: eventos, o contexto, pessoas com quem está se relacionando. Em outras palavras, é quando o que está mais controlando desde os seus pensamentos até as suas atitudes são estímulos que vêm de fora, do meio externo.

2. Foco em eventos internos

Ao contrário, é quando a nossa "vítima" está sob controle de reações internas: pensamentos, sensações corporais, sentimentos. Está com a atenção voltada para si, controlada por estímulos emocionais, cognitivos e orgânicos de si próprios.

Naturalmente, cada indivíduo tem mais facilidade para um dos focos. Quanto a nós, que buscamos o domínio da comunicação pessoal, temos que desenvolver habilidade para controlar a cada situação os nossos estímulos ora para eventos externos, ora para internos, coerentemente.

Para uma leitura de um livro, aqueles com dificuldade para foco em eventos externos serão prejudicados. Tenderão a se perder no conteúdo divagando nos seus pensamentos e imaginação, saindo da concentração no conteúdo do material. Neste caso é fundamental a atenção externalizada para o livro.

Da mesma forma, ao conhecer uma moça, se o rapaz ficar focado nas suas reações internas, demonstrará insegurança. O importante é voltar a atenção para a garota, na intenção de ouvi-la, atendê-la, observá-la. O movimento para o foco nas reações internas será apenas para reformular novas questões para manter a conversa ou decidir atitudes.

O tímido sofre muito com isso. Considerando um rapaz num primeiro contato social com uma pessoa de sexo oposto, geralmente fica preocupado consigo: "O que ela está pensando de mim!? Será que está me achando chato!? Será que está percebendo que não estou sabendo conversar direito e que estou nervoso!?" Para melhorar o seu desempenho deverá voltar a sua atenção para a "vítima": "ela parece que está um pouco ansiosa..."; "tem uma mão bonita..."; "vou perguntar-lhe se aceita algo encostando levemente a minha mão na dela, em um relance de segundos, para ver a sua reação...". A atenção dos seus pensamentos deverá estar voltada para os eventos externos, no caso, para a moça.

Usamos esta orientação para pessoas que ficam nervosas ao se apresentarem em público. Geralmente tendem a voltar a atenção para si: "Minhas pernas estão querendo tremer. Estou suando..."; "o que eu faço com esta mão que não para quieta!?" Da mesma forma, importante é voltar-se para os estímulos externos: observe as pessoas que estão assistindo: "Como estão se comportando? Quem está tendo mais dificuldade para entender? Olhe que rapaz interessado: está tomando nota de tudo."

Inclusive pregamos em oratória que o que orienta a fala, os argumentos, o discurso é o público. Recriminamos quem vai à frente do público, despeja o conteúdo, desprezando completamente o perfil e condições dos ouvintes. São estes que deverão indicar nível de profundidade, os exemplos, o tempo de duração e o avanço do discurso.

Para a empatia, como vimos anteriormente, o movimento essencial é do foco para os eventos externos. Toda a atenção deverá dar prioridade para as reações, falas e comportamentos do outro para a maior absorção do conteúdo pelo olhar dele, colocando-se no seu lugar.

Na persuasão, num primeiro momento, identificamos qual a tendência para a atenção da "vítima". Ao invés de ficarmos forçando a estimulação por um dos focos, o melhor é apoiar-se na reação mais fácil para a pessoa.

Uma vendedora observou que, ao mostrar os seus produtos para o cliente, aparelhos de celular, ele não estava acompanhando as suas explicações sobre as funções de cada um. Estava pensativo quanto aos preços expostos na vitrine e se teria condições de pagar. Ele interrompia as suas explicações, refletindo sobre as condições de pagamentos: "Então você consegue dividir em apenas três vezes para mim..." "Mesmo se eu der uma entrada um pouco maior não tem jeito..."

A atenção do cliente estava no seu planejamento financeiro. A vendedora deveria resolver primeiramente esta questão para depois passar para a definição entre os aparelhos.

Cheguei a um posto de combustível e abasteceria o meu carro para pagamento com o cartão de crédito. Como já era de praxe, exigem a carteira de identificação pessoal para efetuar a venda dessa forma. A minha carteira estava numa bolsa no porta-malas e pela pressa queria me poupar de ter que pegá-la.

Quando a atendente se aproximou da janela: "Boa tarde, senhor! Gasolina?" eu cumprimentei-a respondendo:

a) "Boa tarde. Ainda bem que é você que irá me atender. Você atende rápido. Completa, por favor". De imediato complementei:

b) "Ah, pagarei com cartão de crédito. Se puder adiantar trazendo a máquina..."

A primeira parte expressei com uma entonação mais séria, mostrando pressa. Já na segunda, fui mais gentil, abri mais a expressão facial e falei com um tom mais suave, sem perder a firmeza.

De dentro do carro, observei o resultado do valor do abastecimento para nem precisar perguntar a ela. Para não desviar o foco da sua atenção para o pagamento, precisava manter a sua percepção para o atendimento, a sua agilidade.

Chegou à janela com a máquina solicitando o cartão. Mais uma vez, entregando a ela, comentei:

c) "Vamos ver se é rápida também na máquina!!!".

Já havia correspondido positivamente com a provocação do atendimento rápido. Naturalmente receberia bem o desafio para o manuseio do aparelho do cartão. Fato é que nem se lembrou de exigir documento.

Mais algumas análises gerais sobre esse fato:

1. logo ao chegar mostrei-me conhecido ao destacar que ficara satisfeito por ser ela a minha atendente. Naturalmente gera nela confiança.

Por exemplo, num outro extremo, se eu me apresentasse pedindo alguma informação sobre um endereço ou uma orientação rodoviária, geraria desconfiança. Demonstraria que eu não era comum ali;

2. utilizei-me de todos aqueles principais quesitos do perfil de um persuasivo, que estudamos em capítulos anteriores, desde o bom humor;

3. trabalhei a sua autoafirmação e a sua condição emocional para comigo ao comentar que ela é boa atendente: é ágil. E a minha expressão mais séria e firme impedia que me entendesse mal, imaginando que estava elogiando-a com segundas intenções;

4. identifiquei o foco da sua atenção externalizado, concentrada especificamente ao meu atendimento:

a) sem nenhum comportamento voltado para si: automanipulação, como concertar a sua roupa, mexer no cabelo, cutucar uma unha na outra, desviar o olhar para direção contrária ao meus gestos;

b) disponível a mim, atenta às minhas expressões, inclusive corporais: correspondia às mudanças da minha face; não precisei repetir nenhuma fala que não entendesse; prestou atenção ao meu simples gesto de não tirar a chave da ignição indicando que o tanque de combustível estava destravado sem a necessidade de abri-lo;

5. controlei a sua atenção para o atendimento, desviando a sua concentração para a sua agilidade em contraposição aos procedimentos do pagamento.

O normal nesta situação é imaginar que, com a persuasão, iremos argumentar e convencer a atendente a dispensar a apresentação do documento de identificação; que iremos explicar-lhe de tal forma, sobre a pressa e a história da bolsa no porta-malas, a ponto de ela concordar em não exigir o documento.

Entenda que é todo o conjunto que determinará o meu sucesso em persuasão. Não precisei nem entrar nos méritos da discussão da minha identificação.

Controlar a atenção da "vítima" é o primeiro princípio, fundamento, da persuasão. Colocar a sua percepção no evento, assunto ou objeto que desejamos para a estratégia da persuasão. Isso se aplica tanto a uma pessoa quanto para um grupo. Numa palestra, grupo ou comunidade, o princípio é o mesmo.

Muitas vezes iremos provocar situações, discussões, presentear, causar uma cena incomum, para atrair as atenções das nossas "vítimas".

Mesmo quando não temos interesse em desviar o foco de algum ponto, não há outro jeito: para persuadir temos que ter o controle da atenção da "vítima".

Se a pessoa já está atenta ao que queremos, ótimo. Apenas confirmamos com algum gesto provocando reações que demonstrem:

- Se sou vendedor e mostro o produto, observo a direção do olhar e correspondências faciais e corporais do cliente e se acompanham a minha apresentação.
- Num grupo, converso com um componente, observando quais assuntos estão em evidên-

cia para confirmar.

- Numa conversa utilizo uma figura de linguagem e vejo se o meu interlocutor responde coerentemente: se exagero num exemplo; ironizo em outro; demonstro tentar procurar um termo no meio da fala para ver se tenta me ajudar e se as sugestões têm a ver.

É comum em relacionamentos cometermos falhas para puxar a atenção da "vítima", desviando do conteúdo que desejamos deixar sem evidência ou simplesmente para controlarmos o foco das conversas. Em outras palavras, erro para atrair a pessoa a quem quero persuadir, para o fato específico da falha, organizando, convergindo a sua atenção. Em seguida, após justificar-me e concertar a situação, fica mais fácil para puxar o foco para o ponto de interesse.

São várias as possibilidades de estratégias. Importante é controlar a atenção da "vítima" em função da estratégia da persuasão. Para isso é preciso entender que as pessoas são motivadas pelas

1. necessidades; e/ou

2. expectativas.

Em outras palavras, além de precisarmos produzir uma situação incomum para atração do sugestivo, podemos oferecer um benefício que atenda à necessidade e interesse da pessoa na questão.

Poderemos oferecer uma vantagem, um produto, uma informação. Identificando o que é mais forte no momento para a "vítima" sobre as suas necessidades e expectativas, alimentaremos as suas cobiças.

Uma amiga sua chegou comentando sobre um boato que ouvira sobre o seu irmão. Já conhecendo a fuxiqueira, você utiliza-se de todos os pontos que vimos, negando a conversa. Mas não é suficiente. Terá que entregar um novo material para substituir nas suas próximas fofocas. O melhor é você oferecer algo seu, um assunto pessoal que não seja comprometedor, muitas vezes que tenha interesse que se espalhe. Conte-a como se fosse algo mais reservado, sem pedir segredo.

Não adianta tentar criticar a fuxiqueira ou desconsiderar que a fofoca é o meio que dispõe para a sua autoafirmação. Por outro lado, apenas mudar o foco da conversa entre vocês naquele momento deixará que ela continue espalhando o boato sobre o seu irmão. Nesse caso, a atenção deverá ser controlada não apenas para o momento. O interesse é desviar a atenção dos seus próximos contatos sociais.

Identifique qual a necessidade/expectativa em evidência para a "vítima" e utilize-se disso para controlar a sua atenção.

II. CONDICIONANDO OS COMPORTAMENTOS DA "VÍTIMA"

Em nosso livro anterior "Persuasão do bate-papo à oratória", explicamos a base do entendimento sobre o condicionamento dos comportamentos humanos. Ainda trabalharemos este termo "condicionamento" em sentido generalizado referindo-se simplesmente ao consequenciamento dos nossos comportamentos.

Vamos nos apropriar de um trecho do livro, que resume este conteúdo:

> "Organizando todas essas idéias, podemos presumir que todas as nossas ações, inclusive os pensamentos, são causados por estímulos do nosso ambiente. Esses fatores estimulantes podem ser externos ou internos a nós. Essas ações é que chamamos de comportamentos e são sempre uma conseqüência do próprio meio, causando sensações agradáveis ou desagradáveis. Quando causam sensações positivas, fazem com que o comportamento emitido passe a ocorrer mais vezes. Diante de sensações negativas, diminuem a sua incidência. Essas sensações geralmente são vinculadas ao ambiente em que aconteceram os comportamentos. Ocorrendo uma relação mais forte, é possível que se

sintam as mesmas sensações passadas, só em estar no mesmo ambiente, mesmo que a ocasião seja diferente."

Não é indispensável, mas interessante que depois volte à leitura deste tema no nosso livro anterior.

Para a nossa conversa aqui, o mais importante é entendermos que

1. todos os nossos comportamentos acontecem a partir de uma situação, uma ocasião, que os causa. As nossas atitudes, inclusive os pensamentos, são respostas aos estímulos que recebemos do nosso ambiente. E ambiente é tudo que nos estimula a ter alguma reação, desde as nossas próprias faculdades orgânicas, o meio em que estamos, os objetos, pessoas, eventos.

   - A situação da turma num bar, que provoca o comportamento de contar uma piada:

   = Ocasião: situação da turma num bar
   = Comportamento: contar uma piada

   - Um amigo passando ao lado na rua, que provoca o comportamento de cumprimentá-lo:

   = Ocasião: um amigo passando ao lado na rua
   = Comportamento: cumprimentá-lo

   - A festa para ir, que provoca o comportamento de se arrumar:

   = Ocasião: festa para ir
   = Comportamento: se arrumar

2. todos os nossos comportamentos são consequenciados positiva ou negativamente pelo mesmo ambiente. Quando as consequências positivas predominam, aumenta a probabilidade de o mesmo comportamento se repetir. Por outro lado, quando o que

predomina são as consequências negativas, o comportamento em questão tende a diminuir.

- A situação da turma num bar, que provoca o comportamento de contar uma piada:

= se os amigos rirem (consequência positiva), aumenta a probabilidade de contar outra piada.
= se os amigos não rirem (consequência negativa), diminui a probabilidade de contar outra piada.

- Um amigo passando ao lado na rua, que provoca o comportamento de cumprimentá-lo:

= se o amigo não corresponder (consequência negativa), diminuirá a probabilidade de cumprimentá-lo numa próxima situação;
= se o amigo corresponder (consequência positiva), aumentará a probabilidade de cumprimentá-lo numa próxima situação.

- A festa para ir, que provoca o comportamento de se arrumar:

= se a festa for boa (consequência positiva), aumentará a probabilidade de se arrumar para ir da próxima vez;
= se a festa for ruim (consequência negativa), diminuirá a probabilidade de se arrumar para ir da próxima vez.

Em síntese: uma determinada ocasião gera em nós um comportamento que recebe consequências boas ou ruins do meio, determinando o aumento ou diminuição da incidência do mesmo comportamento nas próximas ocasiões semelhantes.

Sempre tratamos como probabilidade a possibilidade da incidência do comportamento pelas consequências. Entendemos que são muitas a variáveis que controlam os nossos comportamentos. E mesmo que devidamente consequenciada, a nova resposta para as próximas situações semelhantes poderá ser afetada por vieses, por influências adversas.

Por exemplo, no caso da festa acima citado, por mais que tenha sido muito boa, numa próxima vez os seus amigos não irão, e você acaba desanimando.

Uma observação importante é que a referência de consequência boa ou ruim é determinada exclusivamente pelo emissor do comportamento e não pelo ambiente ou quem esteja consequenciando. Em outras palavras, só quem está recebendo a consequência poderá ser referência para avaliar se as sensações causadas foram agradáveis ou desagradáveis.

Na prática, a resposta se a consequência foi boa ou não somente é expressa pela diminuição ou aumento da repetição do comportamento. Não é uma questão da pessoa que foi consequenciada a falar. Na maioria das vezes tudo isso acontece de uma forma inconsciente.

Por exemplo, no aniversário de uma moça, o seu namorado resolveu fazer-lhe uma surpresa contratando um carro de som que para em frente ao domicílio da pessoa e toca "Parabéns pra você", solta foguetes e faz declarações carinhosas em alto som. Para todos, o gesto do rapaz estaria agradando à namorada. Mas ela, mesmo tentando disfarçar, sentiu-se muito envergonhada à frente de toda a vizinhança, que saiu à porta e se aproximou do movimento.

Para ela foi desagradável, por melhor que tenha sido a motivação do seu namorado. No próximo ano, se passar a mesma data com o mesmo rapaz, já ficará preocupada dias antes com receio de ele repetir a atitude do carro de som. Quer dizer que não importa se para todo mundo a atitude do garoto causaria uma sensação agradável a ela. O que determina a consequência é que ela se sentiu mal.

Tudo o que fazemos está dentro desse sistema. Absolutamente tudo. Até um pensamento seu é causado por algo que o estimulou, podendo ser até um próprio pensamento anterior, ou uma lembrança. E receberá consequências agradáveis ou desagradáveis. Mesmo uma imaginação, se causar sensações boas, tende a se manter e se repetir; se causar sensações ruins, tende a ser excluída em condições psicológicas saudáveis.

Vamos elaborar uma fórmula para organizarmos tudo isso:

OCASIÃO > COMPORTAMENTO < CONSEQUÊNCIA

Ocasião causa comportamento(s) que recebe(m) consequência(s).

As consequências podem ser agradáveis ou desagradáveis para o emissor do comportamento. Pela psicologia comportamental, quando agradáveis chamamos de reforço; quando desagradáveis, chamamos de punição:

REFORÇO:
consequência que gera sensação agradável no emissor do comportamento, aumentando a probabilidade de ele repetir o comportamento.

PUNIÇÃO:
consequência que gera sensação desagradável no emissor do comportamento, diminuindo a probabilidade de ele repetir o comportamento.

• A situação da turma num bar, que provoca o comportamento de contar uma piada:

- se os amigos rirem (consequência positiva = REFORÇO), aumenta a probabilidade de contar outra piada;
- se os amigos não rirem (consequência negativa = PUNIÇÃO), diminui a probabilidade de contar outra piada.

• Um amigo passando ao lado na rua, que provoca o comportamento de cumprimentá-lo:

- se o amigo não corresponder (consequência ne-

PERSUASÃO E DESENVOLVIMENTO PESSOAL

gativa = PUNIÇÃO), <u>diminuirá</u> a probabilidade de cumprimentá-lo numa próxima situação;
- se o amigo corresponder (consequência positiva = REFORÇO), <u>aumentará</u> a probabilidade de cumprimentá-lo numa próxima situação.

- A <u>festa para ir</u>, que provoca o comportamento de <u>se arrumar</u>.

- se a festa for boa (consequência positiva = REFORÇO), <u>aumentará</u> a probabilidade de se ir arrumar para ir da próxima vez;
- se a festa for ruim (consequência negativa = PUNIÇÃO), <u>diminuirá</u> a probabilidade de se arrumar para ir da próxima vez.

Estamos falando exclusivamente de comportamentos, considerando como tais todas as nossas ações, incluindo os pensamentos.

Uma senhora acabara de perder um filho num acidente de carro. Num domingo à noite, em pleno "Dia das Mães", estava numa igreja e assistira a uma homenagem às mães através de uma apresentação de um coral de crianças. A situação fez a mulher pensar em seu filho que morrera, trazendo sentimentos desagradáveis. Saiu do templo às pressas. Provavelmente não irá à igreja no ano seguinte na mesma data. Vamos abrir para uma análise.

<u>Ocasião</u> > <u>Comportamento</u> < <u>Consequência</u>

<u>Ocasião</u>: "Dia das mães na igreja"
<u>Comportamento</u>: lembrar do seu filho
<u>Consequência</u>: sentimentos desagradáveis (punição)

Pedi a uma colaboradora de um dos meus escritórios que se esforçasse e providenciasse para mim um determinado relatório o mais rápido que pudesse. Ela estendeu o seu período de trabalho naquele dia, para dar conta de me entregá-lo no dia seguinte.

Passado o dia, ela me chamou pelo ramal e me avisou que

havia terminado e que estava pronta para me apresentar o relatório. Respondi que estava resolvendo algumas questões e não daria para sentar com ela naquele momento, mas que lhe avisaria quando iríamos nos reunir.

Acabei me envolvendo com outros assuntos e somente dois dias depois voltei à questão e chamei-a para vermos o relatório. Percebe o leitor que é muito simples a análise? Eu reforcei ou puni o comportamento da minha colaboradora de se esforçar, passar do seu horário para me entregar o mais rápido a tarefa? Compreende-se que, por mais que eu lhe explique a importância de fazer as atividades corretamente e mais rapidamente, não adiantará muito. Ela não terá a mesma motivação da próxima vez, em uma ocasião semelhante.

Ocasião > Comportamento < Consequência

Ocasião: pedido do relatório por mim, patrão.
Comportamento: bastante esforço para atender em menor tempo.
Consequência: desatenção por parte minha, do patrão (punição).

Lembra-se que ela é uma pessoa considerada no grupo dos "amigos", que abordamos acima. Quer dizer que a minha fala muda pouco. O que mais valem são os meus comportamentos, especialmente de reforço ou punição para com os dela.

Neste caso, provavelmente o comportamento do seu esforço tenderá a diminuir.

Em persuasão, o segundo princípio é reforçar, com bastante sensibilidade, o comportamento que queremos que se repita na "vítima" e punir o que queremos extinguir.

- Se o atendente de um estabelecimento comercial atendeu-o muito bem, é importante que você enfatize a ideia, causando de alguma forma uma sensação agradável. A intenção é que ele repita o bom atendimento da próxima vez.

- O marido fez um esforço para ir buscar a esposa no salão numa sexta-feira, no final da tarde, tendo que sair um pouco mais cedo do seu trabalho. A mulher deverá reforçar o seu esposo para que ele tenha prazer no mesmo esforço da próxima vez que acontecer uma situação semelhante.
- O amigo está se comportando agradavelmente. Importante reforçá-lo com sensações agradáveis.

Agora, a questão é esta: como causar sensações agradáveis e desagradáveis no outro?

Primeiramente, temos que entender que, para punir, não necessariamente se precisa brigar, causar sofrimento e muito menos machucar. O simples fato de não reforçar muito já funciona como punição na maioria das vezes, já que nós seres humanos necessitamos de afirmação social. Ou seja, basta somente reforçar mais os comportamentos que queremos que se repitam na "vítima" e reforçar um pouco menos os que queremos extinguir.

Utilizamos a punição propriamente dita apenas em situações extremas. Evitemos ao máximo a punição, pois ela traz angústia, resistência, revolta. Pregamos a ênfase nos reforços, explorando-os em graus diferentes.

O marido deverá elogiar e afirmar consideravelmente o vestido que deseja que a sua esposa use mais. Para o outro que deseja que ela não vista, basta afirmar menos, até nem comentar. Se ela perguntar, elogie com menos intensidade do que o outro.

O reforço é tão forte que nós absorvemos e correspondemos às mais pequenas diferenças nos graus de reforçamentos. Um simples sorriso, uma entonação mais suave, uma mínima diferença num olhar já são suficientes para determinar respostas diferentes, consequências diferentes.

O desafio está em identificar o que é reforçador ou punitivo para a nossa "vítima" da persuasão. Cada pessoa tem a sua história de vida, gostos e reações diante das situações, inclusive uma mesma pessoa poderá receber um reforço em um momento e, em outro contexto, a mesma consequência poderá funcionar como punição.

É simples entender: estou acabando de sair de uma boa feijoada na casa de um amigo e recebo uma ligação de um colega de trabalho me convidando para um churrasco em sua residência. Gosto muito de churrasco, mas após uma feijoada caprichada não consigo nem pensar em carne. Ou seja, churrasco naturalmente é reforçador para mim, mas, no momento, após uma feijoada, não.

O mesmo sorriso de um rapaz para uma moça poderá ser interpretado diferentemente pela garota a partir de contextos diferentes. Uma mesma notícia poderá ser agradável numa situação e desagradável em outra.

O importante é identificarmos o que reforça ou pune a nossa "vítima" na ocasião da estratégia de persuasão, prestando atenção aos seus comportamentos que estamos controlando: se aumentar a ocorrência é porque está reforçando, independentemente de, aparentemente, a consequência parecer ruim; se diminuir a ocorrência do comportamento, independentemente do que achamos, é porque estamos punindo.

Grave isto: não interessa se a consequência parece ser boa ou ruim. O que determina se é reforço ou punição é somente e exclusivamente a ocorrência do comportamento aumentada ou diminuída nas próximas ocasiões semelhantes.

Todos os nossos comportamentos e os das pessoas à nossa volta estão o tempo todo sob controle de reforços ou punições que determinam as suas reincidências. Quer dizer que tudo o que as nossas "vítimas" fazem está sujeito a ser reforçado ou punido. O nosso objetivo é interferir nesse sistema e controlar as consequências dos seus comportamentos.

Para toda interação social sua deverá observar o que está oferecendo de consequência para os comportamentos das pessoas de sua convivência, sempre prezando em reforçar o que queremos que se repita nas atitudes dos outros.

Em linhas gerais, o resultado é as pessoas de nossos contatos estarem sempre reforçadas a fazerem o que queremos, sentindo-se satisfeitas, porque nós, persuasivos, oferecemos reforços. E nós, seres humanos, numa linguagem figurativa, temos dentro de nós um buraco insaciável precisando de reforços. Somos extremamente carentes de reforços.

Uma das principais características dos persuasivos é saber oferecer reforçamentos às pessoas de seus contatos, além de saberem manejar com categoria a ferramenta punição.

Na prática, o que assistimos é exatamente o contrário. O marido se esforçou para sair mais cedo para buscar a sua esposa no salão na sexta-feira no final da tarde. Quando chega a ela poucos minutos atrasado leva bronca; a namorada caprichou na sua produção para o sábado à noite e o namorado reclama: "com esta demora toda nem adianta sairmos mais. Já está na hora de voltar". E nem presta para fazer um mínimo elogio sobre como está bonita; o patrão que não reconhece as boas atitudes do seu colaborador; a mulher que comprou um presente para o seu marido e este a reclamou por ter gasto o dinheiro.

Observe no seu dia. Se não se policiar, acaba fazendo tudo ao contrário: punindo o comportamento das pessoas que deveriam aumentar as ocorrências.

Vamos avançar um pouco mais. Integrando o tópico anterior a este, entendemos que é o ponto de atenção da "vítima" que está sob controle do condicionamento, para reforço ou para punição. Em outras palavras, quando reforçamos ou punimos uma pessoa, na verdade estamos consequenciando os seus comportamentos que estão ligados ao foco da sua atenção.

Não é tão complicado como parece. Se uma adolescente vem à sua mãe contar um segredo sobre o seu colega em quem está interessada e recebe uma bronca, tem que se analisar qual dos comportamentos está sendo punido, de acordo com o foco de atenção da garota no momento do acontecimento. Vamos analisar melhor:

Comportamento I: a garota se interessar pelo colega
Comportamento II: a garota contar para a sua mãe

Se a adolescente chega à sua mãe toda temerosa, receosa, em contar a ela o seu segredo, quer dizer que provavelmente o seu foco de atenção esteja no ato de falar do assunto e pouco sobre o comportamento de se interessar pelo garoto. Sendo punida, continuará interessada nele, mas não contará mais para a sua mãe.

Sempre para avaliar qual comportamento está em questão, basta analisar qual está mais relacionado com a ocasião em que está acontecendo o consequenciamento; nesse caso, a punição, a bronca da sua mãe. Qual está mais relacionado, o comportamento I ou o II?

Quer dizer que o comportamento punido foi o da filha contar para a mãe. Para a menina nem estava em questão se ela iria continuar interessada ou não no jovem. Estava apreensiva se confidenciaria ou não à sua mãe.

Fique atento ao foco de atenção da "vítima" para não correr o risco de consequenciar o comportamento errado.

Vamos para um exemplo mais aprofundado. Se o marido chega para a sua esposa confessando algo que fez de errado, ela deverá reforçá-lo no momento, porque o que está sob controle é o comportamento de contar a ela. Num outro momento, passado um tempo em que já voltaram para as rotinas, já tiveram outras conversas, ela poderá chamá-lo para voltar ao assunto. Poderá trazer a atenção para o erro em si e, aí sim, puni-lo.

Este princípio da persuasão é um pouco mais técnico, mas nem por isso tão difícil. Em todas as suas relações sociais buscará identificar o que serve de reforço e de punição para as pessoas, utilizando-se deste conhecimento para manter os comportamentos desejáveis e excluir os indesejáveis. Os reforços podem ser desde um elogio a um benefício concreto de um presente. Se o outro teve um comportamento bom, reforce-o. É o jeito mais fácil de condicionar as pessoas a fazerem o que você deseja de uma forma agradável e até prazerosa.

III. CONTROLANDO A PERSPECTIVA DA "VÍTIMA"

É fundamental entendermos que não somos nós que convencemos as nossas "vítimas". Em persuasão é a própria pessoa que se convence. O que podemos fazer é produzir estímulos que contribuam para influenciá-la a se persuadir em favor do nosso objetivo.

Não é por imposição, hipnose ou algo desse tipo. Pelo contrário, para a "vítima" da nossa persuasão é com autonomia própria que ela decide. Ela é que resolve, que escolhe. É assim a melhor forma de influenciar.

O nosso papel como persuasivos é conduzir o outro para o nosso objetivo, orientando-o direta ou indiretamente ao alvo, dando-lhe a impressão de autenticidade.

O primeiro passo para a estratégia de persuasão é definir o seu alvo, o objetivo: o que quer da "vítima". Na verdade, a sua intenção deverá ser definida desde o início, antes mesmo do que vimos anteriormente sobre o foco de atenção e condicionamento comportamental.

Vale se policiar para não se ficar querendo persuadir em toda situação, querendo controlar por controlar as pessoas. Investimos apenas no que nos vale. Nas demais situações, abrimos mão com maturidade.

Dentro de um casamento são poucas as situações que realmente têm importância, por exemplo, para o marido. Para que este ficará discutindo e tentando controlar em tudo a sua esposa. O que não lhe interessa deixa que ela faça como bem quiser.

Da mesma forma numa empresa: para que ficar discutindo todos os dias com aquele colega de trabalho sobre assuntos pouco proveitosos? Devemos aprimorar as nossas habilidades para persuasão e sempre prezarmos por investir apenas no controle das situações importantes. Para isso vale apostar muito na maturidade, para realmente abrir mão das dezenas de situações que não nos interessa influenciar num dia.

Decidido que uma determinada ocasião precisa ser influenciada, defina o seu objetivo da persuasão e escolha a melhor estratégia.

Persuasão é um jogo de estratégias: pensando lá na frente, nos resultados objetivados, articulam-se as ações que buscam controlar o meio e influenciar os participantes.

Muitas vezes, pela ignorância de algumas das nossas "vítimas", condicionamentos anteriores, vínculos com participantes em grupos sociais ou eventos históricos, ocorre uma situação pobre em que a estratégia consistirá em sugerir o contrário para pessoas com resistência à nossa opinião.

Acontece muito isso em grupos comunitários quando há um preconceito da maioria para a posição de um participante, e este se apresenta com uma opinião contrária ao seu real objetivo. Com a resistência precipitada da maioria, a decisão será contrária à sua opinião, mas de acordo com o seu objetivo.

Outro exemplo neste mesmo formato ocorre em discussões familiares em que você já identifica quem estará no lado contrário à sua pretensão incondicional. Sempre existe aquele que é do contra, discorda de tudo que você defende. Se o seu objetivo for convencer este resistente, desde o início apresente-se na posição contrária ao objetivo dele.

A estratégia deve ser extremamente em função do objetivo da persuasão e os meios justificam os fins. É forte, mas é assim.

Para situações que exijam estratégias melhor elaboradas é fundamental entendermos o terceiro princípio da persuasão, que consiste em colocar a "vítima" na perspectiva ideal para o objetivo.

Em outras palavras, o último grande desafio do persuasivo é fazer a pessoa enxergar a situação numa visão ideal para alcançar o que é o propósito da sua persuasão.

Você, bastante maduro e autocontrolado, conquistando a credibilidade das pessoas à sua volta, trabalhando a predisposição das "vítimas", condicionando os seus comportamentos, dominando a atenção e apresentando as perspectivas, as visões, de interesse pelo seu objetivo em cada ocasião de persuasão.

Perspectiva é visão, é a forma de enxergar uma pessoa ou um fato. Tudo o que estudamos é para controlarmos a visão da "vítima".

Imagine uma casa vista pelo lado de fora. Existem várias formas de enxergá-la:

a) de cima, com foco no telhado;
b) pela frente, com foco na fachada;
c) por trás, com foco nos fundos.

Cada uma destas visões oferece perspectivas e descrições diferentes sobre a mesma casa.

Um assalto que aconteceu numa casa lotérica será contado de formas diferentes por cada participante. Mesmo que nenhum falte com a verdade, os relatos serão diferentes pelo menos em alguns pontos.

Desejando o apoio da esposa para um investimento, resolver um conflito na empresa, pedir ao professor mais uma chance diante da atividade não cumprida, conseguir que a namorada não use determinado tipo de roupa, motivar um colaborador, ganhar um desconto numa loja, negociar um contrato de prestação de serviço com um empresário, mudar o comportamento indesejado do marido, conquistar a amizade de uma pessoa desconhecida: todas essas situações são passíveis da prática do conteúdo que desenvolvemos neste livro.

Para nós, em persuasão todos os eventos oferecem possibilidades diversas de visões. Definimos pelos nossos objetivos por qual perspectiva é melhor que a "vítima" enxergue para se convencer do que desejamos.

É para isso que apresentamos neste livro todos os tópicos anteriores:

➢ Seu desenvolvimento pessoal:
  • Autonomia é a responsabilidade para fazer escolhas. Exerça-a.
  • Aprenda a controlar seus pensamentos e comporta-

mentos.

- Desenvolva a sua gestão de conhecimento, aprimorando as suas habilidades para aprendizagem, buscando sempre estar no último dos quatro estágios com maturidade.
  1. Por experiência própria.
  2. Por modelo, experiência do outro.
  3. Por informação.
  4. Por dedução.
- Invista tudo o que puder no desenvolvimento da sua comunicação. É a mais importante das habilidades pessoais. Lembre-se:
  1   empatia
  2   relacionamento interpessoal
  3   argumentação

➢ O perfil do persuasivo:
- Bem-humorado
- Determinado nos movimentos corporais
- Fala bastante segura
- Entonação moderadamente brilhante
- Autocontrole no vestuário e acessórios
- Olhar orientado
- Educado
- Decidido
- Não precisa adivinhar
- Não expressa as estratégias

➢ Enfraquecendo o adversário:
- Identificar e explorar a autoafirmação
- Trabalhar o sentimento de culpa
- Produzir na "vítima" as condições emocionais desejadas

➢ Controlar o foco da atenção da "vítima".

➢ Condicionar os comportamentos do adversário com reforços e punições, para que ele sempre aja como você quer com satisfação.

Desempenhando-se todos estes tópicos, facilitará o resultado objetivado pela estratégia da persuasão.

Vamos a alguns exemplos que ilustrem todo o nosso conteúdo de forma integrada.

Uma esposa passava constantemente por um desgaste com o seu marido: todos os dias que ele chegava do serviço no horário do almoço, não subia para o seu apartamento com a sua carteira de dinheiro. Deixava-a no carro, no estacionamento do prédio em que moravam no terceiro andar, e não tinha elevador.

Para este casal, era costume sempre deixar um "trocado" com a secretária para comprar produtos na padaria para o lanche do final do dia. E sempre havia a dificuldade de a secretária ou a própria esposa ter que descer juntamente com o homem para buscar o dinheiro à sua saída após o almoço.

A esposa já se cansara de reclamar, mas o marido não se corrigia. Todo dia era essa peleja.

A nossa orientação a esta mulher é simples: nas próximas vezes, ao ouvir o barulho do portão se abrindo quando o seu marido estiver chegando para o almoço:

1. Corra para a porta do apartamento e espere-o com uma expressão bem alegre e tranqüila.
2. Quando ele chegar, abra a porta e o receba com um beijo, chamando-o por um apelido carinhoso. Aquele que você usa quando quer agradar a ele, algo como "amor da minha vida...". Se for um mais secreto, censurado para horário do almoço, cochiche em seu ouvido.
3. Peça-lhe para aproveitar que ainda está entrando e pegar a carteira no carro.
4. Na primeira vez, vá com uma roupa que dê para descer com ele à garagem e faça isso: vá junto, brincando, com bom humor.

5. Nas vezes seguintes, vá recebê-lo com uma roupa imprópria, que justifique o fato de você não poder descer com ele.

Na terceira ou quarta vez seguida em que a esposa cumprir corretamente esta tarefa, o seu marido subirá com a carteira na mão. Se ele for uma pessoa de bom humor, provavelmente esconderá a carteira, fingirá estar descendo para buscá-la no carro ou brincará dizendo que não irá pegá-la e voltará repentinamente: "thanananam... eu trouxe a carteira!!!". Se for um marido carinhoso, ainda completará com um apelido como "... princesa linda". Se for um mais ou menos, completará diferente: "sua chatinha!!!". Mas brincando também...

Dois amigos discutiram por telefone. Minutos depois, um cedeu e enviou uma mensagem via celular pedindo desculpas e sugerindo que deixassem para lá o mal-entendido e voltassem a ficar numa boa. O que recebeu a mensagem pode responder de duas formas básicas:

1. Reforçando o comportamento do seu amigo de ceder e fazer contato: respondendo agradavelmente retornando em ligação ou mesmo por mensagem via celular, expressando o quanto gosta do seu amigo, o carinho que tem por ele e que realmente devem deixar toda a discussão de lado.

= Aumentará a probabilidade de, na próxima vez em que se repetir a situação, o seu amigo comportar-se da mesma forma, cedendo e chamando para as pazes.

2. Punindo o comportamento do seu amigo de ceder e fazer contato: respondendo alegando que o seu amigo é que está errado e realmente deveria pedir desculpas, sugerindo-lhe que não se comportasse mais assim.

= Diminuirá a probabilidade de, na próxima vez em que se repetir a situação da discussão, o seu amigo comportar-se da mesma forma, cedendo e chamando para as pazes.

A todo instante em nosso cotidiano estamos expostos às mais diversas situações passíveis de persuasão. Não é fácil, mas vale à pena todo este desenvolvimento. Pior é estar do outro lado, como o manipulado, controlado, por pessoas que muitas vezes não têm a bondade e longanimidade que nos esforçamos para manter.

A alguns minutos de uma situação pessoal difícil que eu enfrentaria, comuniquei a minha ansiedade a uma amiga através de uma mensagem por celular. Eu esperava que me ligaria, conversaria comigo para me deixar tranquilo; ou mesmo por mensagem de celular escreveria um texto extenso me acalmando e dando apoio. Nada disso.

Ela respondeu por uma mensagem de celular com apenas quatro palavras que até hoje, volta e meia, eu recupero na minha memória para me motivar. Uma frase que resume o nosso perfil como pessoas que não nasceram com nada mais especial que os outros, mas que têm buscado nas lutas diárias, enfrentando cada uma, defendendo-se e aos seus, esforçando-se por aprimoramento, maturidade e autonomia.

A minha amiga respondeu-me apenas com a frase: "A gente é forte". Leve-a para você.

Que o nosso Deus poderoso, que está infinitamente acima de toda compreensão humana, que controla absolutamente todas as coisas nos seus mínimos detalhes e que tem um propósito especial em cada dificuldade que enfrentamos, abençoe grandemente a sua vida, sua família e a minha filha Ana Luiza no seu desenvolvimento. No final de tudo, Ele é quem nos fortalece!

BIBLIOGRAFIA

CABALLO, V. E. **Manual de Avaliação e Treinamento das Habilidades Sociais**. São Paulo: Santos, 2003.

CATANIA, A. C. **Aprendizagem: comportamento, linguagem e cognição**. Trad. Deisy das Graças de Souza. 4.ed. Porto Alegre, RS: Artes Médicas Sul, 1999

KOOGAN, A. **ENCICLOPÉDIA E DICIONÁRIO**. RIO DE JANEIRO: DELTA, 1997.

LESTER, A. **COMO FAZER APRESENTAÇÕES IRRESISTÍVEIS**. TRAD. FELIPE VIEIRA. SÃO PAULO: UNIVERSO DOS LIVROS, 2010

MORAES, F. C. C. **TÓPICOS AVANÇADOS EM RECURSOS HUMANOS.** CURITIBA: IESDE BRASIL S.A., 2009.

SILVEIRA, R. V. PERSUASÃO DO BATE-PAPO À ORATÓRIA, BELO HORIZONTE, 2007.

.

www.ingramcontent.com/pod-product-compliance
Lightning Source LLC
Chambersburg PA
CBHW030702220526
45463CB00005B/1865